Die Cocktails
und Snacks
für dieses Buch
fotografierte
Luis M. Bisschops

HARALD SCHMITT • EDDY HAHNER • ULRIKE BÜLTJER

New York, Rio, Tokio...

Cocktails

Snacks & Bargeflüster

Inhalt

Treffpunkt Cocktailbar

Sie sind wild oder sanft, poppig bunt oder klassisch distinguiert, anregend oder beruhigend, fruchtig oder hart. Und sie sind vor allem wieder „in". Cocktails und Co. feiern ihr Comeback, ganz gleich, ob man sie nun im angenehmen Ambiente einer gepflegten Bar, bei einer Cocktailparty, einem Sommerfest oder einfach nur zur Entspannung zu Hause genießt. Immer neue Kreationen und Variationen machen die Welt der Cocktails von Tag zu Tag bunter und prächtiger.

Von Drugstores, Hahnenkämpfen und Highsociety

Die Ur-Bar stand, wie sollte es wohl anders sein, in Amerika. Zur Zeit der Kolonialisierung trafen sich die Siedler in den Drugstores, um einzukaufen und ihre Erfahrungen und Erlebnisse auszutauschen. Dabei trank man das eine oder andere Gläschen, oft auch eines zu viel. Und um den dabei entstehenden Raufereien Herr zu werden, errichteten die Drugstore-Besitzer Barrieren. Das englische Wort „bar" heißt nichts anderes als Barriere. Aus den Drugstores entwickelten sich im Laufe der Zeit die Saloons, und aus einigen von diesen wurden dann „American bars". Blütezeit dieser Bars waren übrigens die Jahrhundertwende und die folgenden turbulenten Zwanziger. Ob nun in den Bars von New York oder London, in Paris oder Venedig – hier traf sich die feine Gesellschaft, um beim „Martini", „Negroni" oder „Manhattan" Geschäfte zu machen, den neuesten Klatsch zu hören und weiter zu plaudern oder gar kleine Affairen zu beginnen. Aber auch weltberühmte Künstler wie Ernest Hemingway, William Faulkner, Billy Wilder, Raymond Chandler und Luis Buñuel waren trinkfeste und eiserne Tresengäste der Nobel-Bars der Welt.

Auch der Cocktail ist eine amerikanische Erfindung. Um seine Namensgebung ranken allerdings kuriose Geschichten und Anekdoten. Version Nummer 1: Der Name Cocktail ist eine Anspielung auf „cock-tailed-horses", also Pferde, denen der Schwanz gestutzt wurde, sodass er einem Hahnenschwanz (cock tail) ziemlich ähnlich ist. Eher plausibel ist allerdings die Geschichte des Franzosen Antoine Amade Peychaud, der in New Orleans eine Apotheke betrieb und einen selbst gebrauten Magenbitter gemischt mit Brandy, in Eierbechern als „Coquetier" ausschenkte. Es dauerte angeblich nicht lange, da hatten die Amerikaner daraus den Cocktail gemacht. Am wahrscheinlichsten ist jedoch die Geschichte mit den Hahnenkämpfen. Diese waren im Süden der Vereinigten Staaten sehr verbreitet. Nach der Entscheidung durfte der Besitzer des siegreichen Hahnes dem getöteten Hahn seines Gegners die Schwanzfedern als Trophäe ausreißen. Der Sieg musste dann natürlich gefeiert werden und man gönnte sich einen Drink „on the cock's tail".

Kulinarische Cocktailreise rund um die Welt

Doch nun genug der „trockenen" Theorie. Begleiten Sie uns in die schillernde Welt der Cocktails, schnuppern Sie mit uns ein bißchen Baratmosphäre an den schönsten Plätzen der Welt, sei es nun in der legendären **„Floridita Bar"** auf Kuba, im vornehmen Pariser **„Ritz"** oder im urigen Londoner Pub. Lassen Sie sich nun von der Raffinesse und Vielfalt der Getränke überraschen, lauschen Sie dem Bargeflüster erfahrener Barkeeper und probieren Sie die vielen pikanten Häppchen und wahrhaft köstlichen Snacks aus aller Welt.

Nur die Grundvoraussetzungen für einen perfekten Barkeeper, die können wir Ihnen leider nicht vermitteln. Denn wie heißt es so schön: Der ideale Barkeeper ist Witwentröster, Klagemauer, diskreter Kuppler, Beichtvater und Bezugsperson – und wenn es darauf ankommt, alles zur gleichen Zeit …

Cheers und wohl bekomm's!

Das braucht die Bar

Die wichtigsten Barutensilien

Beim Mixen ist es wie beim Kochen. Optimale Ergebnisse erzielt man nur mit dem richtigen Handwerkszeug. Doch keine Angst: Viele der gebrauchten Barutensilien sind ohnehin in den meisten Haushalten vorhanden. So zum Beispiel Flaschenöffner, Korkenzieher, Dosenöffner, Zitruspresse, Muskatreibe, Schneidebrett (am besten mit Ablaufrinne), Korken mit Ausgießer, Sekt- bzw. Flaschenkühler sowie ein Champagner-Flaschenverschluss, Messer (am besten solche mit feinem Wellenschliff und zwei Spitzen zum Aufspießen von Fruchtstücken), Zestenreißer, Trinkhalme, Zahnstocher und Servietten. Andere lassen sich nach und nach ergänzen. Unentbehrlich in jeder Hobbybar sind jedoch folgende Geräte:

Ein Shaker ④, auch Schüttelbecher genannt. Es gibt ihn in verschiedenen Ausführungen. Der dreiteilige Shaker besteht aus einem Becher, einem Deckel und einem integrierten Siebeinsatz, der die Eisstücke und Fruchtkerne beim Abseihen im Becher zurückhält. Sein Nachteil: die Flüssigkeit läuft nur langsam ab, das Sieb läßt sich zudem schwer reinigen. Profis bevorzugen deshalb den zweiteiligen Boston- oder American-Shaker, der aus einem größeren Edelstahl- und einem etwas kleineren Bleikristallbecher besteht. Der Glasbecher lässt sich zudem gut als Rührglas verwenden. Damit sich alle Zutaten wirklich gut vermischen, sollte der Boston-Shaker immer nur bis zu einem Zentimeter unter dem Rand gefüllt werden.

Das Barsieb ①, auch Strainer genannt, verhindert, dass Eis, Fruchtstücke oder Kerne beim Abseihen ins Servierglas gelangen. Dazu drückt man das Sieb in den Becher und gießt den Drink hindurch.

Das Rühr- oder Mixglas braucht man für alles, was nicht geschüttelt, sondern nur gerührt werden soll. Es sollte ein Fassungsvermögen von etwa 1 Liter haben, das reicht für drei bis vier Drinks.

Wirklich unentbehrlich ist der **Messbecher (Jigger)** ②, denn bei allen Drinks gibt es kein „ungefähr“. Hier müssen die Zutatenmengen genau stimmen. Messbecher werden aus Edelstahl oder Glas angeboten und haben auf der einen Seite eine Einteilung für 2 cl, auf der anderen Seite für 4 cl. Notfalls können Sie mit Schnapsgläsern abmessen, sofern diese einen Eichstrich haben.

Zum Dosieren von Eiweiß oder aromatisierenden Flüssigkeiten wie beispielsweise Angostura sollten Sie sich einige **Spitzkorken** ⑥, Ausgießer oder auch kleine bauchige Spritzflaschen (Dash-bottles) anschaffen. Ein dash sind drei bis vier Tropfen.

Barlöffel ③ braucht man zum Verrühren im Rührglas sowie zum Abmessen von Sirup und anderen Aromastoffen. Denn 1 Barlöffel (in den Rezepten BL abgekürzt) fasst 5 g beziehungsweise 0,5 cl Flüssigkeit. Am oberen Ende befindet sich meist ein kleiner Mörser, der zum Zerstoßen von Zuckerwürfeln, Fruchtstückchen und Blättern verwendet wird.

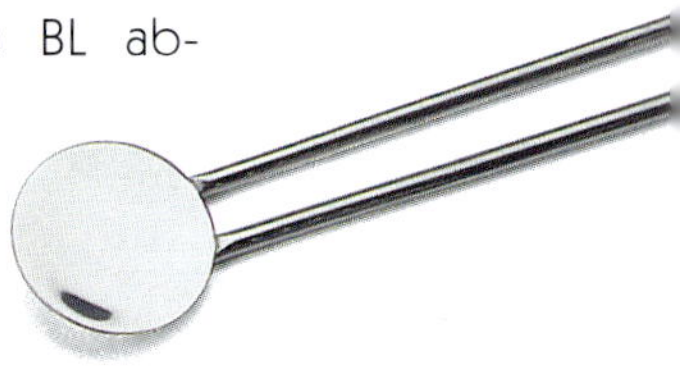

②

①

Ein **Barquirl** hilft beim Umrühren und Mischen von Zutaten und ist sehr nützlich, wenn man aus sehr kohlesäurehaltigen Getränken wie Champagner und Sekt die Kohlensäure entweichen lassen will.

Stirer oder Rührstäbe sollten zum Umrühren von Longdrinks nicht fehlen. Ebenso hilfreich ist eine **Barzange** ⑤. Mit ihrer Hilfe lassen sich festsitzende Sekt- und Champagnerkorken leicht lockern oder Drahtösen aufzwicken.

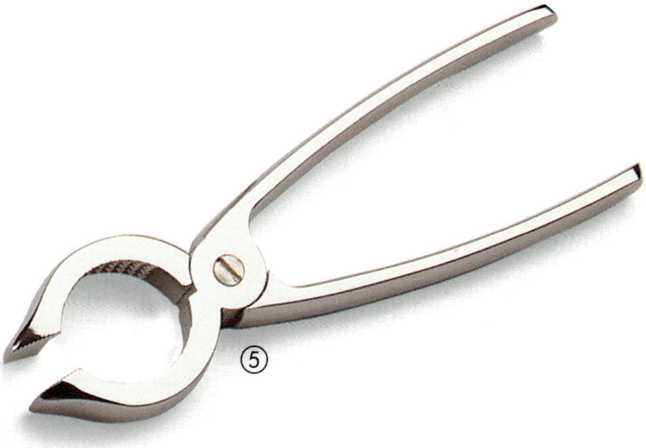

⑤

④

⑥

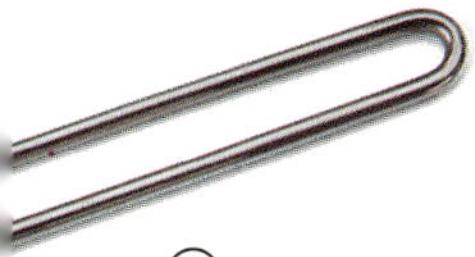

③

Nichts schmeckt schlimmer als lauwarme Drinks, deshalb ist ein **Eisbehälter** (Icebucket) ein äußerst wichtiges Requisit der Barausstattung. Am besten wählen sie einen doppelwandigen mit Thermodeckel. Es gibt sie aus Glas, Silber oder Edelstahl.

Mit einer **Eiszange** werden Eiswürfel portioniert, für gestoßenes Eis nimmt man eine Eisschaufel, denn sie verhindert, dass Schmelzwasser die Drinks verwässert.

Sodawasser lässt sich am besten mit einem **Siphon** ins Glas geben. Dazu füllt man den Siphon mit Leitungs- oder Tafelwasser ohne Kohlensäure. Eine Kohlensäurepatrone sorgt dafür, dass das Wasser ständig kohlendioxidhaltig bleibt.

Um Eis zu „crushed ice“ zu zerstoßen, bietet der Handel spezielle **Icecrasher** oder **Eismühlen** an. Es gibt sie von Hand oder elektrisch betrieben. Die Anschaffung lohnt sich jedoch nur, wenn Sie oft eine Cocktailparty geben. Ansonsten lässt sich das Eis auch im Leinentuch mit einem Fleischklopfer zerschlagen. Zu den nützlichen, aber für den Hobbymixer nicht unbedingt erforderlichen Geräten gehört ein **elektrischer Mixer (Blender),** in dem man sowohl Früchte und Gemüse pürieren, Drinks mit Eiscreme, Cocoscreame, Sahne und Eigelb schlagen als auch „frozen Drinks“ zubereiten kann.

Einfach cool – unentbehrliches Eisvergnügen

Wenn Sie Drinks mit **crushed ice** (zerstoßenem Eis) zubereiten wollen, darf das Eis erst im letzten Augenblick zerkleinert werden. Es schmilzt schnell.

Neben dem zerstoßenen Eis gibt es übrigens noch **Cobbler ice** (grob zerstoßenes Eis). Es eignet sich vor allem für Champagner-Cobbler, Juleps, Fizzes und Smashes.

Shaved ice (geschabtes Eis) sieht aus wie Schnee und eignet sich hervorragend für Frappes. Beide Eissorten lassen sich natürlich am einfachsten in einer speziellen Eismühle herstellen. Es geht aber fast genauso gut, wenn man sie mit dem Fleischklopfer in einem Leinentuch je nach gewünschtem Feinheitsgrad bearbeitet.

Kleine Gläserkunde

Ein fantasievoll gemixter Cocktail schmeckt noch mal so gut, wenn er aus dem richtigen Glas getrunken wird. Doch keine Sorge. Sie müssen sich natürlich nicht gleich ein ganzes Glaskabinett zulegen. Für den Anfang reichen auch Gläser aus Ihrem Haushalt, wie zum Beispiel Wein-, Sekt-, Bier- und Schnapsgläser. Die Glaskollektion lässt sich dann nach Belieben aufstocken. Verzichten Sie auf eingefärbte und aufwändig geschliffene Gläser. Sie verfälschen die Drinks optisch. Auch sollten die Glaswände nicht zu dick sein, denn dünne Gläser lassen sich besser kühlen. Hier nun ein Überblick über die gängigsten Gläsertypen (die Reihenfolge der Gläser auf dem Foto entspricht der Nennung im Text):

Cocktailgläser sind kelchförmige Stielgläser, fassen 5 bis 7 cl und eignen sich für alle mit Eis gerührten, aber ohne Eis servierten klassischen Cocktails wie Manhattan oder Martini.

Cocktailschalen gibt es in verschiedenen Größen. Die großen eignen sich am besten für Drinks mit Sahne oder Säften sowie für Champagnercocktails. Die kleinen sind ideal für trockene Aperitifs, Cocktails und hochprozentige Digestifs.

Tumbler, auch Old-fashioned-Glas oder Whiskeybecher genannt, ist ein stämmiges Becherglas mit einem sehr dicken Glasboden. In ihm werden alle Drinks „on the rocks", also mit Eiswürfeln oder mit zerstoßenem Eis serviert. Kleinere Tumbler mit einem Fassungsvermögen von 10 bis 15 cl eignen sich auch sehr gut für Sours, kalte Toddys und Fruchtsäfte.

Ballongläser sind genau richtig für exotische Longdrinks mit zerstoßenem Eis sowie für Crustas. Die Dekoration und die poppig bunte Farbe der Cocktails kommt in diesen Gläsern besonders gut zur Geltung.

Fancygläser, auch Exotikgläser genannt, gibt es in Becher- oder Tulpenform. Sie sind unentbehrlich für Tropical Drinks mit viel Eis, aber auch für Juleps, alkoholfreie Mixgetränke und für Milchshakes.

Südweingläser können nicht nur für Port- und Südweine, sondern auch für Sours, Flips, Fizzes und kleine Cocktails verwendet werden. Es gibt aber auch spezielle Sourgläser, die etwas größer als Portweingläser sind.

Weißweingläser lassen sich, wenn sie langstielig und tulpenförmig sind, auch ideal für Fizzes und Crustas verwenden.

Sektkelche oder **Sektflöten** eignen sich für Sekt-Aperitifs, für alle mit Sekt zubereiteten Cocktails und Aperitifs, wie zum Beispiel Kir Royal. Ist die Sektflöte nicht zu schmal, lassen sich auch Flips, Frappes und Daisies darin reichen. Sektschalen nimmt man am besten für süße Drinks und Cocktails, da Sekt in den Schalen zu schnell verperlt.

Champagnertulpen sind das richtige „Outfit" für die festlichen Champagner-Cocktails.

Bowlengläser und **hitzebeständige Gläser** nimmt man für Bowlen, Punsche, Grogs und Glühweine.

Hochprozentiges Vergnügen

Amaretto:

goldgelber italienischer Likör mit kräftigem Mandelaroma.

Aperol:

Aperol ist ein orangeroter italienischer Bitteraperitif aus Rhabarber, Chinarinde, Enzian, Bitterorangen und Kräutern. Sein Alkoholgehalt beträgt nur 11 Vol.-%.

Armagnac:

hell-goldfarbener, feurig-herb schmeckender Branntwein aus den weißen Trauben der französischen Gascogne. Im Gegensatz zum Cognac gibt es beim Armagnac oft Jahrgangsbranntweine.

Anisgetränke:

die in Frankreich auch Pastis genannten Anisgetränke bestehen aus destillierten ätherischen Ölen des Sternanis, Zucker, reinem Alkohol und verschiedenen Zutaten wie Minze, Melisse, Provenzalischen Kräutern oder Süßholz. Bekannteste Marken sind der Pernod, der Ricard, der Pastis, der griechische Ouzo und der türkische Raki sowie der Gewürzlikör Anisette.

*** Apricot Brandy:**

Aprikosenlikör aus Aprikosensaft, Aprikosenbranntwein, Zucker, Stärkesirup, Sprit und Wasser mit mindestens 30 Vol.-% Alkohol.

Von Amaretto bis Whisk(e)y

Aquavit:

heller oder goldgelber Branntwein aus Getreide oder Kartoffeln, der mit Wasser und Gewürzen wie Kümmel, Koriander, Zimt, Fenchel, Dill, Zitrusschalen, Nelken und weiteren Zutaten destilliert wird.

Arrak:

goldgelbes Pflanzendestilat aus Reis, Zuckerrohrmelasse oder zuckerhaltigem Pflanzensäften. Es gibt auch Arraks aus Palmen, Datteln und aus anderen Pflanzen.

Bananenlikör:

auch Creme de Banane genannt, wird entweder aus einer kleinen grünen Bananenart oder aus kleinen aromatischen gelben Bananen gewonnen. Bekanntester grüner Bananenlikör ist Pisang Ambon.

Benedictine:

bernsteinfarbener französischer Kräuterlikör aus 27 Kräutern und Gewürzen.

*** Bourbon Whiskey:**

siehe Whisk(e)y

Brandy:

englische Bezeichnung für Branntwein. Zu den besten Brandys gehören die weich und süßlich schmeckenden spanischen Brandys sowie der italienische Vecchia Romagna und der griechische Metaxa.

Cachaca:

klarer Zuckerrohrbrand aus Brasilien (siehe auch Südamerika Seite 32).

Calvados:

je nach Alter bernsteinfarbener oder cognacbrauner Kernobstbranntwein aus Cidre, dem Apfelwein der Normandie (siehe Frankreich Seite 148).

*** Campari:**

rubinroter italienischer Bitterbranntwein aus einer streng gehüteten Kräutermischung und den Schalen der Bitterorange. Creme de Cassis muss einen Mindestalkoholgehalt von 15 Vol.-% und einen Mindestzuckeranteil aufweisen.

*** Cassis:**

dunkelroter Likör aus dem Saft von schwarzen Johannisbeeren.

Champagner:

darf sich nur der Schaumwein nennen, der in dem genau abgegrenzten Anbaugebiet um Reims und Epernay in Nordfrankreich erzeugt wird. Champagner gibt es in unterschiedlichen Geschmacksrichtungen.

Chartreuse:

französischer Kräuterlikör aus 130 verschiedenen Kräutern und Extrakten sowie Weinbrand. Gelber Chartreuse ist sehr mild, grüner Chartreuse ist würziger und kräftiger.

*** Cognac:**

ein Weinbrand, der aus ganz bestimmten weißen Trauben besteht, die innerhalb eines fest umrissenen Gebietes rund um die Stadt Cognac in der Charente im Südwesten Frankreichs angebaut und gebrannt werden (siehe Frankreich Seite 148).

*** Cointreau:**

klarer, französischer Orangenlikör mit einem bitter-süßen Aroma.

Creamliköre:

feine, dickflüssige Liköre auf der Grundlage von Sahne und so unterschiedlichen Spirituosen wie Irish Whiskey, Weinbrand, Cognac, Likören, Tequila und vielen anderen mehr. Bekanntester Vertreter ist Bailey's.

* Curaçao:

Orangenlikörart, die ursprünglich nur aus auf der Karibikinsel Curaçao wachsenden Bitterorangen hergestellt wurde. Heute kommen die getrockneten Schalen dieser Pomeranzenart vorwiegend aus Haiti. Der klassische Curaçao ist wasserhell und klar. Es gibt aber auch gefärbte Sorten. Curaçao Orange wird mit karamelisiertem Zucker, Curaçao Blue, Green und Red mit zugelassenem Farbstoffen gefärbt. Trockene Sorten mit der Zusatzbezeichnung „sec" oder „Triple sec" (dreifach trocken) müssen mindestens 35 Vol.-% Alkohol haben.

Cynar:

Der Cynar ist italienischer Bitteraperitif, der aus Artischockensaft, Würzkräutern und Alkohol hergestellt wird. Der Name kommt von der lateinischen Bezeichnung für Artischocke „cynara scolymus".

Drambuie:

Drambuie ist ein schottischer Whisky-Honig-Likör aus 15-jährigem Scotch Whisky, Kräutern der Highlands und schottischem Heidehonig. Er erreicht 40 Vol.-% Alkohol.

Galliano:

leuchtend gelber italienischer Kräuterlikör aus 70 verschiedenen Kräutern und Pflanzenauszügen. Es gibt ihn aber auch farblos mit Orangenaroma und bräunlich mit Mandelaroma.

Genever:

Branntwein mit Wacholderaroma, der je nach Qualität mehrere Jahre in Eichenfässern lagert.

*** Gin:**

klarer Branntwein aus sehr hoch ausgebranntem neutralen Alkohol sowie einer Mischung aus ausgewählten Kräutern und Gewürzen wie Zitronen- und Orangenschale, Anis, Kardamom, Veilchenwurz, Wacholder, Koriander und mehr. Man unterscheidet zwei Arten: den trockenen Dry Gin oder London Dry Gin und den mit Zucker gesüßten Old Tom oder Plymouth Gin. Es gibt auch mit Zitronen, Schlehen und anderen Früchten aromatisierte Gin-Typen.

Grand Marnier:

französischer Orangenlikör aus karibischen Bitterorangen. Es gibt ihn hell und rot (Grand Marnier Gordon Rouge).

Grappa:

wasserklarer Branntwein, der durch Gärung von Trester aus Weintrauben und anschließender Destillation hergestellt wird (siehe Italien Seite 169).

Irish Whiskey:

siehe Whisk(e)y

Kaffeelikör:

wird aus frisch gerösteten, gemahlenen Kaffeebohnen oder aus Pulverkaffee ohne künstliche Aromastoffe hergestellt. Zu den bekanntesten Marken gehören der tiefdunkle Kahlua aus Mexiko mit Kräutern und Vanille und der hocharomatisierte Tia Maria mit Zuckerrohralkohol.

*** Kakaolikör:**

klarer oder dunkelbrauner Likör aus destillierten Kakaobohnen oder aus Kakaopulver.

Kirschlikör:

gehört zur Kategorie der Fruchtsaftliköre und enthält mindestens 25 Vol.-% Alkohol. Bekannteste Marken sind der Cherry Heering und der Maraschino, ein wasserheller Fruchtaromalikör, der leicht nach bitteren Mandeln schmeckt. Eine besondere Art Kirschlikör ist der Cherry Brandy. Er besteht aus Kirschsaft, Kirschwasser, Zucker oder Stärkesirup, Neutralalkohol und Wasser.

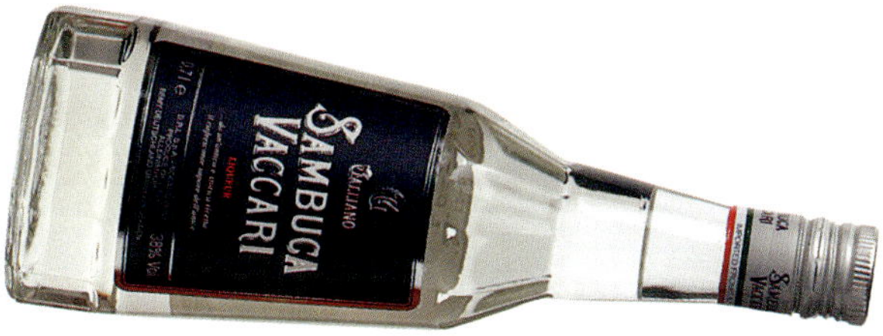

Pisco:

aus roten Trauben hergestellter heller chilenischer Branntwein.

Portwein:

süßer Wein aus Portugal mit etwa 20 Vol.-% Alkohol. Man stoppt die Gärung vorzeitig durch Zugabe von hochprozentigem Weindestillat. Er ist sehr lange lagerfähig.

*** Rum:**

klarer und brauner Branntwein aus Zuckerrohrmelasse und anderen Rückständen aus der Rohrzuckerfabrikation (siehe auch Karibik Seite 50). Original-Rum wird nach der Einfuhr nicht mehr verändert. Echter Rum ist auf Trinkstärke herabgesetzt, Rumverschnitt ist eine Mischung aus Original-Rum, neutralem Alkohol und Wasser.

Kokoslikör:

besteht vor allem aus der Milch von Kokosnüssen und ist ein idealer Mixbegleiter. Es gibt ihn kristallklar als Malibu oder milchig-trüb als Cocosala, Batida de Coco oder Coconut Creole.

Malt Scotch Whisky:

siehe Whisk(e)y

Obstbrand:

ob Kirschen, Zwetschgen, Marillen, Himbeeren oder Birnen, es gibt fast keine Obstsorte, die man nicht auch hochprozentig genießen kann. Man unterscheidet zwischen „Obstbrand aus vergorenen Früchten" und „Obstbrand aus nicht oder nur angegorenen Früchten".

*** Pfefferminzlikör:**

aromatischer, erfrischender Likör aus Pfefferminzöl, reinem Alkohol und Zucker. Pfefferminzlikör gibt es in weiß und grün. Als Creme de Menthe angebotene Liköre haben einen höheren Zuckergehalt.

Sake:

klarer, meist hellgelber Reiswein, der aus Reismelasse hergestellt wird (siehe Asien Seite 234).

Sambuca:

klassischer italienischer Anislikör. Seine alkoholische Basis besteht aus Holunder.

*** Scotch Whisky:**

siehe Whisk(e)y

*** Sekt:**

Qualitätsschaumwein, der in Deutschland hergestellt wird. Daneben gibt es noch internationale Schaumweine wie den Spumante und den Prosecco aus Italien, den spanischen Cava, den russischen Krimsekt.

Sherry:

durch Weinalkohol verstärkter spanischer Wein, der mehrere Jahre reift und den es in unterschiedlichen Süßegraden gibt (siehe auch Spanien Seite 122).

*** Tequila:**

Tequila oder Aquardiente de Agave Tequila kommt aus Mexiko. Dieser klare, goldgelbe Branntwein darf nur im Bundesstaat Jalisco aus den dort wachsenden blaugrünen Maguey-Agaven hergestellt werden (siehe auch Südamerika Seite 128).

*** Vermouth:**

alkoholverstärkte weinhaltige Getränke aus Wermut und Kräutern. Sie können weiß, rosé, rot oder extra dry sein (siehe auch Italien Seite 168).

*** Weinbrand:**

deutscher Qualitätsbranntwein aus Wein, der nur aus bestimmten Weinen hergestellt wird und sechs bis zwölf Monate reifen muss. Urkundlich wurde Weinbrand schon im 14. Jahrhundert erwähnt. Er wurde ursprünglich nur als Medizin verwendet und man bekam ihn auch nur in der Apotheke.

*** Whisk(e)y:**

aus Getreide gewonnener Branntwein mit einem Alkoholgehalt von mindestens 40 Vol.-% Alkohol. Man unterscheidet zwischen Blended Scotch Whisky mit einem leichten Rauchgeschmack, Malt Scotch Whisky (siehe auch England Seite 102), dem sehr weichen irischen Whiskey mit vollem Malzgeschmack, den amerikanischen Whiskeys wie Bourbon, Tennesse und Rye (siehe auch New York Seite 78) sowie dem zum größten Teil aus Mais hergestellten, leichten und hellen kanadischen Whisky.

*** Wodka:**

klarer, geschmacks- und geruchsneutraler Branntwein aus Getreide oder Kartoffeln (siehe auch GUS Seite 214).

Noch mehr fürs Mixen

Eine sehr wichtige Rolle beim Mixen spielen auch Sirupe, Säfte und Co. Sie bringen Farbe ins Glas, geben die richtige Süße, verleihen Frische und das gewisse Etwas.

Angostura:

ist einfach unerlässlich in einer Hausbar. Der bitter schmeckende Aromastoff besteht aus verschiedenen Kräuterextrakten, darunter Pomeranzenschale, Enzian, Chinarinde und Süßholz. Man verwendet ihn nur tropfenweise.

Bitter Lemon:

chininhaltiges Getränk, das aus den bitteren Schalen von Limetten hergestellt wird.

Cream of Coconut:

dickflüssige oder cremig-feste Kokosnusscreme. Sie wird mit Wasser verdünnt.

Fruchtsäfte:

wie Ananas-, Maracuja- und Mangosaft gehören unbedingt zur Grundausstattung. Ebenso Zitronen-, Orangen- und Grapefruitsaft, die allerdings immer frisch gepresst sein sollten.

Gingerale:

limonadenartiges Getränk mit Ingwergeschmack.

Grenadine:

blutroter, kräftiger Fruchtsirup aus Granatäpfeln. Er färbt Drinks je nach Dosis zartrosa bis tiefrot.

Lime Juice:

Fruchtkonzentrat aus Limetten.

Mandelsirup:

milchig-weißer, sehr intensiv und aromatisch schmeckender Sirup, der in Frankreich und den USA Orgeat, in Italien Orzata genannt wird.

Mineralwasser:

gibt es mit und ohne oder nur wenig Kohlensäure, leicht bitter oder etwas salzig sowie mit hohem und geringem Gehalt an Mineralstoffen.

Orange Bitter:

Extrakt aus Pomeranzenschalen, der mit Ging vermischt ist. Dient ausschließlich zum Aromatisieren.

Sodawasser:

enthält entweder natürliche oder künstlich eingepresste Kohlensäure, hat einen hohen Natriumcarbonatgehalt.

Tonic-Water:

schmeckt herbfrisch und leicht süßlich. Enthält etwas Chinin.

Zuckersirup:

auch Läuterzucker genannt. Man kann ihn kaufen oder selbst machen: dazu 1 kg Zucker in 1 Liter kochendes Wasser geben und rühren, bis er sich gelöst hat. Dabei nicht aufkochen lassen. Abgekühlt in Flaschen füllen.

„Barchinesisch" für Anfänger

Wie in fast jedem Beruf gibt es auch bei den Profibarkeepern eine Fachsprache, die international gültig, für den Laien aber oft unverständlich ist. Deshalb hier ein kleiner Einblick in das „Barchinesisch":

Aperitifs, auch Before-Dinner-Drinks genannt, trinkt man vor dem Essen, um den Appetit anzuregen. Klassiker sind dabei der „Martini" und der „Manhattan".

Bowlen bestehen in der Regel aus Wein, Früchten und Champagner oder Sekt. Die Früchte müssen mehrere Stunden durchziehen. Gleich trinkfertig sind dagegen Cups, denen auch Eis hinzugefügt wird.

Cobbler sind Longdrinks mit Früchten, die in der Regel mit Sekt oder Soda aufgegossen werden.

Cocktails sind kleine, kurze Mixgetränke bis zu etwa 8 cl, die aus Spirituosen, Likören, Süd-, Süß- oder Dessertweinen, Früchten, Fruchtsäften und Aromen bestehen und eiskalt serviert werden.

Champagnercocktails werden immer mit Champagner oder einem sehr guten Sekt aufgefüllt.

Collinses bestehen in der Regel aus einer Spirituose, Zitronensaft und Zuckersirup und werden mit Sodawasser aufgefüllt. Im Gegensatz zu den sehr ähnlichen Fizzes werden Collinses jedoch gerührt und nicht geschüttelt.

Coolers: milde, leicht süßliche Longdrinks, die neben Alkohol fast immer Gingerale enthalten.

Crustas sind erfrischende Longdrinks, die in ballonförmigen Gläsern mit Zuckerrandkruste und einer Spirale aus Zitronenschale serviert werden.

Daisies: sind sehr süße Cocktails.

Digestifs, auch After-Dinner-Drinks genannt, sind in der Regel süßlich und werden nach dem Essen gereicht. Als Digestif eignen sich bittere und herbe Liköre, Magenbitter aber auch unvermischte Schnäpse.

Egg-Nog: kalter oder heißer Longdrink mit Milch und Eigelb.

Fancy-Drinks: bunte Fantasiegetränke, die sich in keine spezielle Gruppe einordnen lassen.

Fizzes: erfrischende Longdrinks, die den Collinses ähneln. Sie werden allerdings geschüttelt.

Flips sind bekömmliche Mixgetränke, die aus Eigelb, Zucker und Alkoholika im Shaker zubereitet werden.

Frappés können aus jedem beliebigen Likör zubereitet werden. Man gibt zerstoßenes Eis in ein beliebiges Glas, gießt 5 cl Likör darauf und serviert den Drink mit 2 kurzen Trinkhalmen.

Highballs: durststillende Longdrinks, bei denen die Grundspirituose mit Soda, Tonic Water, Bitter Lemon oder Gingerale aufgefüllt wird.

Hot Drinks sind heiße Getränke wie Grog, Glühwein, Mixgetränke mit Kaffee, aber auch Hot Toddies.

Juleps: erfrischende Longdrinks, die immer mit frischer Minze, Pfefferminzlikör oder Pfefferminzsirup zubereitet werden.

Longdrinks nennt man an sich alle Mixgetränke, die aus mehr als 14 cl Flüssigkeit bestehen. Sie werden zumeist in großen, hohen Gläsern serviert.

Pick-me-ups: zumeist scharf gewürzte, heiße oder kalte Drinks, die als Katerkiller sehr beliebt sind.

Shortdrinks nennt man kleine Mixgetränke, die aus maximal 8 cl Flüssigkeit bestehen. Sie werden in kleinen Gläsern serviert.

Sodas: erfrischende Longdrinks, die in der Regel aus Sodawasser und Gin, Whisky, Weinbrand oder Vermouth bestehen.

Sours ähneln in der Zusammensetzung den Fizzes, werden aber nicht mit Soda aufgefüllt, sondern erhalten davon höchstens einen Schuss.

Toddies: punschähnliche heiße oder kalte Getränke mit Zuckersirup oder Grenadine, Limettensaft und Alkohol.

Tonics: herbe, erfrischende Longdrinks, die zumeist aus einer Branntweinsorte bestehen und mit Tonic Water aufgefüllt werden.

Tropical-Drinks, auch Exotic-Drinks genannt, sind erfrischende, oft leicht süßliche Longdrinks. Sie bestehen meist aus Fruchtsaft und Rum. Werden Sie mit Kokosmilch oder -creme zubereitet, nennt man sie Coladas. Auffallend sind ihre fantasievollen Fruchtdekorationen.

Mixen wie ein Profi

Es sieht so kinderleicht aus: Man nehme zwei oder mehrere Zutaten, verrühre sie im Glas oder schüttelte sie im Shaker kräftig durch – fertig ist der pfiffige Drink. Doch ganz so einfach ist es leider nicht. Einige Zubereitungsarten und Grundregeln sollten Sie zu Beginn Ihrer Barkarriere schon kennen und beherzigen. Beim Mixen unterscheidet man zwischen vier verschiedenen Techniken:

Das Schütteln im Shaker

So werden fast alle Drinks zubereitet, die schwer mischbare Zutaten wie Sahne, Milch, Saft, Eier oder Sirup enthalten. Zuerst füllt man den Shaker zu $^2/_3$ mit Eiswürfeln. Dann misst man die Zutaten nach Rezept ab, gießt sie in den Shaker und verschließt diesen. Nun umfasst man den Shaker mit beiden Händen und schüttelt ihn in Schulterhöhe waagerecht, und zwar vom Körper weg, zum Körper hin. Die meisten Drinks werden 10 bis 20 Sekunden geschüttelt, Fizzes, Sours und Drinks mit Eiweiß und Eigelb ein bisschen länger. Doch aufgepasst! Zu langes Schütteln verwässert die Getränke. Danach öffnet man den Shaker und seiht den Drink durch das Barsieb in ein gekühltes oder rezeptmäßig vorbereitetes Servierglas ab.

Das Rühren im Mixglas

Im Mixglas werden alle Drinks zubereitet, die zusammen mit Eiswürfeln gerührt, aber ohne Eis serviert werden. Man gibt ein paar mittelgroße Eiswürfel (kein zerstoßenes Eis!) in das Rührglas, gießt dann die im Rezept angegebenen Zutaten hinein und verrührt alles schnell und kräftig mit einem langstieligen Barlöffel – und zwar spiralförmig von unten nach oben. So mischen sich die Zutaten am besten. Danach seiht man den Drink sofort durch das Barsieb in ein vorgekühltes Servierglas ab. Das benutzte Eis bleibt im Rührglas!

Das Zubereiten im Servierglas

Alle Drinks, deren Zutaten sich leicht miteinander verbinden oder die auf Eis gerührt und auch auf Eis serviert werden, werden gleich in dem Glas zubereitet, in dem sie auch serviert werden. Dafür stellt man zuerst das passende Servierglas kühl. Dann gibt man 2 bis 3 Eiswürfel in das vorgekühlte Glas, misst die Zutaten nach den Rezeptangaben ab und gibt sie in das Servierglas. Danach rührt man die Drinks mit einem Barlöffel vorsichtig um, dekoriert sie und serviert sie sofort.

Das Mixen im Blender

Im Elektromixer, oder Blender, werden vor allem Drinks zubereitet, die frische Früchte, Sahne, Eier und Speiseeis enthalten sowie alle „frozen Drinks". Hierfür werden 2 bis 3 Eiswürfel oder etwas zerstoßenes Eis im Mixer kurz durchgeschlagen. Das Schmelzwasser sofort wieder abgießen, damit die Drinks nicht verwässern. Danach misst man die Zutaten ab, gibt sie in den Mixbecher, verschließt diesen und lässt den Blender etwa 10 Sekunden auf Stufe 1 laufen. Danach schaltet man auf Stufe 2 und lässt ihn nochmals etwa 10 Sekunden laufen. Die Drinks werden direkt in die Serviergläser gegossen und zum Schluss nach Belieben dekoriert.

Die 10 wichtigsten Mixregeln

1. Bevor Sie mit dem Mixen beginnen, sollten Sie alle Zutaten bereitstellen. Denn nichts ist lästiger, als während der Zubereitung eines Drinks lange nach etwas suchen zu müssen.

2. Halten Sie sich vor allem als Anfänger genau an die vorgegebenen Mengenangaben und die angegebenen Techniken. Sie bestimmen schließlich das Aussehen des Drinks. Geschüttelte Drinks sind milchig, gerührte bleiben klar.

3. Kohlensäurehaltige Zutaten wie die Limonaden, Sodas, Sekt und der Champagner niemals im Shaker mitschütteln oder im Mixglas rühren, da sie sonst zu stark schäumen. Man verwendet diese spritzigen Getränke nur zum Auffüllen.

4. Viele Drinks werden in vorgekühlten Gläsern serviert. Dazu stellt man die Gläser entweder so lange in das Gefrierfach oder den Eisschrank, bis sie mit einem dünnen Eisfilm überzogen sind. Oder man füllt sie mit gestoßenem Eis oder Eiswürfeln und entleert sie erst, wenn sie rundherum beschlagen sind.

5. Wenn Sie Früchte für Sekt- oder Champagnercocktails im Mixer pürieren, sollten Sie einen kleinen Schuss Champagner oder Sekt hinzufügen. So bildet sich eine sehr homogene Masse und das Fruchtmark setzt sich beim Auffüllen nicht ab.

6. Viele Cocktails werden im Servierglas mit Zitronen- oder Orangenschale abgespritzt (aromatisiert). Das geht folgendermaßen: dafür nimmt man ein kleines, rundes Stück Schale ohne Fruchtfleisch von einer unbehandelten Zitrusfrucht mit der Schalenseite nach unten zwischen die Finger und drückt es zusammen. Dabei spritzt eine kleine Menge des ätherischen Öls der Schale, das dann das spezielle Aroma gibt, in den Drink.

7. Wenn Sie mehrere Cocktails auf einmal mixen wollen, dann füllen Sie am besten die vorgekühlten Gläser eins nach dem anderen und in mehreren kleinen Portionen auf. So können Sie verhindern, dass das letzte Glas nur noch zur Hälfte gefüllt ist.

8. Gießen Sie vor allem Cocktailschalen nicht bis zum Rand voll. Das sieht besser aus und man verschüttet nicht so leicht etwas.

9. Bei Longdrinks sollten Sie immer einen Trinkhalm oder einen Stirer (Rührlöffel) mit ins Glas geben.

10. Alle Drinks sollten nach der Zubereitung sofort getrunken werden, solange sie noch frisch und kühl sind. Ganz nach der Empfehlung von Harry Craddock, Barkeeper im Londoner **Nobelhotel Savoy.** Er antwortete einem Gast auf die Frage, wie man denn am besten einen Cocktail trinke: „Schnell, solange er sie noch anlächelt…"

Einladung zur Cocktailparty

Sie haben wenig Platz in Ihrer Wohnung, aber viele, viele Freunde, mit denen sie gern und oft feiern? Dann ist eine Cocktailparty die ideale Lösung. Denn im Stehen geht es immer locker und leger zu, Cocktails und Canapés sorgen schnell für gute Laune. Parties sind, laut Duden, „zwangslose Hausfeste". Und damit es nicht nur für die Gäste, sondern auch für den Gastgeber und die Gastgeberin eine zwangslose Angelegenheit bleibt, haben wir ein paar Tipps von erfahrenen Partygängern für Sie aufgeschrieben. Denn wie heißt es doch so schön: „Es gibt keine misslungene Party, es gibt nur ungeschickte Gastgeber."

Die Gäste

Stellen Sie als erstes eine Gästeliste auf. Versuchen Sie dabei niemals, die Idealpartner zusammenzubringen. Man findet sie ohnehin nicht. Doch achten Sie darauf, dass die Gästeliste nicht nur aus lauter Leuten, die sich fremd sind oder aus lauter Leuten, die sich durch den Beruf oder privat genau kennen, besteht. Das beste ist eine bunte Mischung.

Eine gute Möglichkeit, den Bekanntenkreis um neue Gesichter zu erweitern: bitten Sie jeden Gast, noch jemanden mitzubringen. Mehr als zwölf Personen sollte die Gästezahl jedoch nicht übersteigen. Denn sonst kommen Sie beim Mixen allzu leicht ins Schleudern.

Laden Sie die Gäste rechtzeitig ein, am besten etwa ein bis zwei Wochen vorher. Das können Sie telefonisch machen, oder aber mit einer originellen Karte. Wenn Ihre Wohnung schwer zu finden ist, erleichtert ein Lageplan die Suche. Fotokopieren Sie von einem Stadtplan den Stadtteil mit Ihrer Straße und kleben Sie die Kopie auf Karten. Diese falten Sie zusammen und schreiben auf die weiße Seite den Einladungstext. Drücken Sie sich auf Ihrer Einladung deutlich aus. Wenn Sie eine bestimmte Kleidung wünschen, sagen Sie das ohne verblümte Umschreibung. Laden Sie zur Cocktailparty von 18 bis 21 Uhr ein, sodass jeder kommen kann, wann er mag. Darüber hinaus weiß man dann auch ganz genau, dass es kein opulententes 4-Gänge-Menü, sondern eben nur kleine Häppchen gibt.

Cocktails und Snacks

Beschränken Sie sich bei einer Cocktailparty auf höchstens 5 verschiedene Drinks. Deren Zubereitung sollten Sie allerdings auch perfekt „im Griff" haben. Ideal wäre es, wenn Sie sich mit einem Freund am Shaker ablösen könnten. Wenn Sie sich jedoch allein um ihre Gäste kümmern müssen, sollten Sie ein paar Getränke wählen, die sich auf Vorrat mischen lassen, so zum Beispiel einen „Planter's Punsch", eine „Sangria" oder eine „Kalte Ente".

Zur Begrüßung reichen Sie Ihren „Hausdrink". Das kann ein Gin Gimlet, ein Bellini oder aber auch ein Campari Orange sein. Denn mit einem Glas in der Hand durchstehen auch schüchterne Leute die ersten Party-Minuten ohne Pein. Der Begrüßungsschluck sollte aber auf keinen Fall zu hochprozentig sein. Sogenannte „Blattschüsse" bringen die Party um, bevor sie richtig begonnen hat. Auf jeden Fall sollten Sie unbedingt auch ein oder zwei Cocktails ohne Alkohol bereithalten. Denn dass man niemals einem Autofahrer Alkohol anbieten darf, versteht sich fast von selbst. Denken Sie daran, dass Alkohol ein Genussmittel ist, das bei zu häufigem oder unvernünftigem Gebrauch zum Gift werden kann. Genießen Sie die Cocktails, aber in Maßen …

Cocktails regen bekanntlich den Appetit an. Doch dort, wo Messer und Gabel keinen Platz haben, ist Fingerfood angesagt. Denn wegen ihrer Handlichkeit sind kleine Snacks die beste Empfehlung. Wichtig ist nur, dass sie sich sehr gut vorbereiten lassen.

Das Barambiente

Es ist wirklich nicht schwer, in den eigenen vier Wänden eine gemütliche Baratmosphäre entstehen zu lassen. Wichtigstes Requisit ist ein Tisch, der zum Bartresen und zum Buffet umfunktioniert wird. Eine Anrichte tut's aber auch. Belegen Sie den Tisch oder die Anrichte am besten mit einer abwaschbaren Decke. Die Farbe richtet sich nach dem Anlass. Wenn es festlich sein soll, wählt man eine weiße Decke, für die Faschings- oder Sommerparty kann es kunterbunt zugehen. Auf den Tisch stellen Sie verschiedene Gläser, kleine Teller für die Snacks, Servietten und natürlich die Platten mit den kleinen Häppchen. Als Dekoration eignen sich Fruchtetagere oder Mini-Palme, aber auch kleine Schälchen mit Blüten, die man zwischen Gläser, Teller und Platten stellt und natürlich Kerzen und Windlichter für eine schmeichelnde Beleuchtung. Zusätzlich dient ein Teewagen als Arbeitsplatz für den Barmixer. Hier sollte jede Flasche und jedes Gerät einen festen Platz haben, damit Sie später, ohne noch lange hinzuschauen, zugreifen können. Hilfreich ist auch eine kleine Tafel mit den Rezepten der wichtigsten Cocktails – für alle Fälle. Denken Sie rechtzeitig daran, genügend Eis auf Vorrat herzustellen. Und auch die Dekorationen wie Fruchtspießchen lassen sich schon am Morgen der Party vorbereiten. Mit Folie abgedeckt und kühl gestellt bleiben sie bis zum Abend frisch. Nur Minze- oder Melissezweige sollten Sie in einem Wasserglas auf den Teewagen stellen und erst kurz vor dem Servieren die frischen Blättchen zupfen. Zuvor im Kühlschrank gelagerte Säfte und Soft-Drinks zum Auffüllen bleiben im Sekt- oder Weinkühler bzw. in einem mit Eiswasser gefüllten Eimer schön kühl.

So, das Partygerüst steht. Was jetzt noch fehlt sind dezente Barmusik, das leise Klirren von Eiswürfeln und gut gelaunte Gäste. Viel Spaß dabei!

Tipps zu den Rezepten

Hier noch einige Tipps zum Umgang mit den Rezepten.

Die Portionsangaben

Alle Cocktailrezepte sind für 1 Cocktail berechnet, die Snackrezepte ergeben etwa 10 Portionen. Ausnahmen sind im Rezeptkopf angegeben.

Die Zubereitungszeit

Hier geben wir die Zeit an, die Sie benötigen, um das ganze Gericht zuzubereiten. Sollten dabei längere Zeitspannen auftreten, in denen Sie nichts zu tun haben, so haben wir diese aufgeführt. Alle Zeitangaben beruhen auf durchschnittlichen Erfahrungswerten. Aufgrund der Beschaffenheit der Zutaten, des Kochgeschirrs oder von Herden und Backöfen können diese Zeitangaben geringfügig von der tatsächlich benötigten Zeit abweichen.

Die Zutatenmengen

Wenn nicht anders angegeben, gehen wir von ungeputzter Rohware aus. Das ermöglicht Ihnen ein unkompliziertes Einkaufen nach der im Rezept angegebenen Zutatenliste. (Eine Ausnahme bilden hier allerdings fertig gehackte Kräuter, die es tiefgefroren zu kaufen gibt. Sie können die angegebene Kräutermenge selbstverständlich durch frische Ware ersetzen.

Die Abkürzungen

TL	=	Teelöffel (gestrichen)
EL	=	Esslöffel (gestrichen)
BL	=	Barlöffel (5 g oder 0,5 cl)
Msp.	=	Messerspitze
g	=	Gramm (1000 g = 1 kg)
kg	=	Kilogramm
cl	=	Zentiliter (1 cl = 10 ml)
TK-…	=	Tiefkühl-…

Die Autoren und die FALKEN Kochredaktion wünschen Ihnen viel Vergnügen beim Schmökern im Buch und viel Spaß auf Ihrer Cocktailparty.

Geheimnisvolle Pyramiden und chaotische Megastädte, grandiose Schluchten und die aufregendsten Strände der Welt, glühend heiße Savannen und kühl temperierte Berglandschaften. Auch wenn die Länder Mittel- und Südamerikas voller Gegensätze sind, eines haben ihre Bewohner jedoch gemeinsam: einen fast exzentrischen Individualismus und eine schier unbändige Lebensfreude. Kein Wunder also, dass immer mehr Menschen den Ursprung von Samba und Salsa, Cachaca und Caipirinha, Mayas, Machos und Margeritas entdecken und genießen.

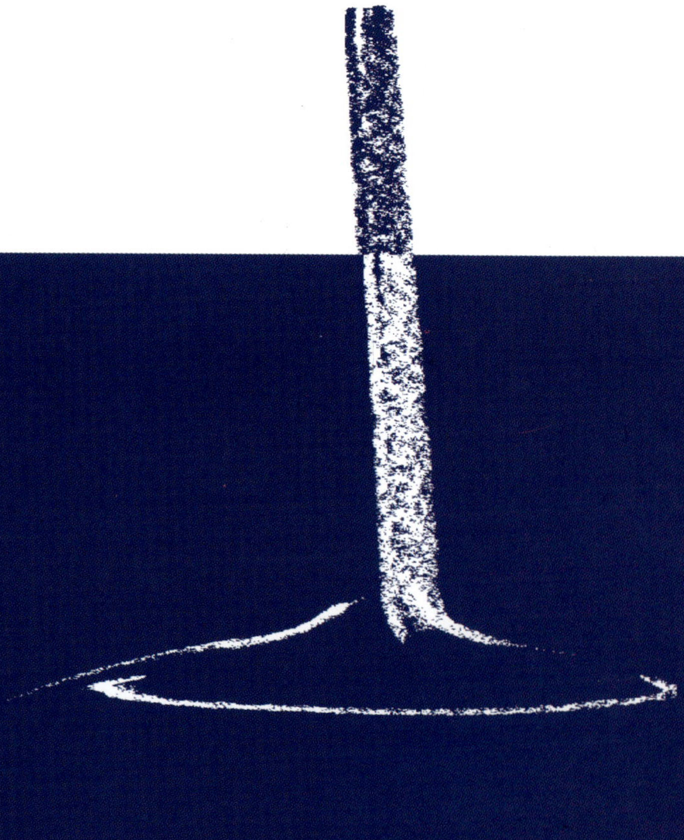

Mittel- und Südamerika

Machos, Samba und Tequila

Mexiko: Tacos, Tortillas und Tequila

Es ist Liebe auf den zweiten Blick. Denn man muss schon genauer hinsehen, um den Reiz von Mexiko-City, der mit über 20 Millionen Einwohnern größten Stadt der Welt, zu erkennen. Der Popocatepetl, früher stets sichtbarer Hausberg der Hauptstadt, liegt wie immer im Dunst. Die Taxifahrt durch den hektischen Großstadtverkehr entpuppt sich als Horrortrip. Doch das alles ist nach dem ersten Tequila in einer der vielen kleinen Bars in der Zona Rosa schnell vergessen. Die Mexikaner trinken ihr Nationalgetränk am liebsten pur: zuerst nimmt man eine Prise Salz von der Handfläche mit der Zunge auf, trinkt danach einen kräftigen Schluck Tequila und beißt anschließend in eine Zitronenscheibe. Salud.

An jeder Straßenecke gibt es Taquerias, in denen aufgerollte dünne Tacos, feurig belegte Tortillas, Enchiladas oder Burritos serviert werden. Dazu isst man die besonders scharfe Salsa verde oder die mildere Salsa rosso.

Agavenfelder so weit das Auge reicht, Männer in Ponchos auf rassigen Pferden, und aus dem Autoradio klingt Mariachimusik. Wir fahren durch die Provinz Jalisco, in der die Heimat des gleichnamigen Agavenschnapses, Tequila, liegt. Hier, in dem trockenen und warmen Hochebenen von Zentralmexiko herrschen ideale Voraussetzungen für das Wachstum der Maguey-Pflanze. Doch nur die Agavensorte „Blaue Tequilana", die in einem begrenzten Gebiet um Tequila wächst, darf für die Herstellung von Tequila verwendet werden. Und davon wiederum nur das Herz der Agave, die so genannte Pina. Durch schonende Verarbeitungsvorgänge und eine zweifache Destillation bleiben die geschmacklichen Besonderheiten der Agave erhalten. Während die weißen Sorten kurz nach der Destillation abgefüllt werden und dadurch ihre Klarheit behalten, entsteht bei den braunen Sorten durch die ein- bis vierjährige Lagerzeit in Eichenholzfässern ein fast rauchiges Aroma. Nur in Mexico hergestellter Tequila mit der Ursprungsbezeichnung „denominación de origen" darf sich Tequila nennen. Jeder andere aus Agaven destillierte Schnaps ist Mezcal.

Vom Agavensaft zum Nationalschnaps

Acapulco: Sonne, Fun und Coco Loco

Nur etwa fünf Stunden von Mexiko-City entfernt liegt Acapulco: heißer Touristenmagnet an der Pazifikküste und Tummelplatz der Reichen und Schönen. Zugegeben, die Bucht von Acapulco ist ein kleines Paradies. Palmen, lila Jakaranda, gelber und roter Hibiscus, Kolibris, die um Bananenblüten schwirren, 25 Grad warmes, grünlich schillerndes Wasser, Hochseeyachten und Segelboote, die im schönsten Naturhafen dümpeln. Und nicht zu vergessen die berühmten Strände wie Playa Icacos, Playa La Condesa und viele andere mehr, einige davon unberührt und kilometerlang.

Unzählig sind aber auch die vielen Bars von Acapulco, in denen von frühmorgens bis spät in die Nacht In-Drinks wie „Coco Loco", die verrückte Kokosnuss aus Kokosmilch, Tequila, Gin, Zitronensaft, Zucker und Eis oder die legendäre „Margarita" gemixt werden. Um die Geburt dieses Cocktailklassikers ranken viele kleine Legenden. Hier ist eine davon: Margarita Sames gab im Jahre 1948 eine Party auf ihrer Hacienda auf den Klippen von Acapulco. Einer ihrer zahlreichen Gäste war Nicky Hilton, der Erbe der Hotelkette Hilton. Auf der Suche nach etwas, was die Partygesellschaft an diesem heißen, trockenen Tag so richtig aufmuntern würde, begann Margarita, an ihrer Bar zu experimentieren, und mixte einen Drink aus drei Teilen Tequila, einem Teil Cointreau und einem Teil Limonensaft – die Margarita war geboren und die Party ein voller Erfolg.

Brasilien: Karneval, Samba und Caipirinha

Brasilien – das ist der Inbegriff von heißen Sambarhythmen, Karneval, Fußball, der Copacabana und natürlich von Rio de Janeiro. Die Einheimischen behaupten: „Gott schuf die Welt in sieben Tagen. Zwei Tage verwendete er auf Rio." Und sie halten ihre Stadt für das schönste Chaos der Welt.

Zudem ist Rio eine Stadt der Superlative. Sie besitzt das weltgrößte Fußballstadion und die wohl fußballverrücktesten Zuschauer. Immerhin fasst das Maracaña-Stadion 200 000 Menschen, und für ein großes Spiel geben selbst die Ärmsten der Armen ihren letzten Cruzeiro her. Rund 80 Kilometer lang sind die feinen Sandstrände der Stadt, doch nur wenige Kilometer davon werden auch besucht: die Strände von Copacabana und Ipanema. Hier tummeln sich Tausende Sonnenhungriger auf engstem Platz, toben sich Volleyballspieler aus und stehen Menschenschlangen vor den Verkaufsständen, die eisgekühltes Bier, Matetee, Kokoswasser oder die mit Cachaca, Zucker, Eis und Fruchtsäften gemixten Batidas, das Nationalgetränk der Brasilianer. Doch damit noch nicht genug der Verrücktheiten. Einmal im Jahr steht die ganze Stadt und mit ihr Tausende von Touristen Kopf. Dann nämlich, wenn am Faschingsdienstag mehr als 120 000 Aktive die 700 Meter lange Aufmarschstrecke des Passarela do Samba durchtanzen. Vor Hunderttausenden von Zuschauern defilieren über 60 Sambaschulen, Karnevalsvereine und Musikkapellen mit ihren lautstarken Trommeln. Kein Aufwand dafür ist zu groß, immerhin will jeder am Ende der Schönste sein. Wen wundert es da noch, dass für dieses farbenfrohe und verrückte Fest ein spezieller Drink kreiert wurde: die „Caipirinha". Basis dafür ist – wie schon bei den Batidas – der Cachaca (sprich Kaschassa), ein Zuckerrohrschnaps. In seiner Heimat Brasilien ist er Kultgetränk. 850 Millionen Liter rinnen alljährlich durch die Kehlen der Brasilianer. Im Gegensatz zu Rum, der aus Melasse hergestellt wird, ist Cachaca ein Destillat aus frischem, noch grünem Zuckerrohr. In der Regel sind alle bei uns angebotenen Cachaças ziemlich ähnlich. Geschmacksunterschiede ergeben sich lediglich aus der Qualität des verwendeten Zuckerrohrs.

Margarita

Für den Cocktail:
4 cl Tequila
2 cl Cointreau
4 cl Zitronensaft
einige Eiswürfel

Außerdem:
1 Zitronenspalte
Salz

1 ➧ Den Rand eines Cocktailglas in einer Zitronenspalte drehen und in einen Teller mit Salz tupfen.

2 ➧ Die Zutaten für den Cocktail mit einigen Eiswürfeln in den Shaker geben und kräftig schütteln. Das Ganze durch ein Barsieb in das vorbereitete Cocktailglas mit dem Salzrand seihen.

Margarita

Strawberry Margarita

(auf dem Foto links)

Für den Cocktail:
4 cl Tequila
2 cl Cointreau
2 cl Zitronensaft
4 Erdbeeren
1 cl Erdbeersirup
Crushed ice

Außerdem:
1 Erdbeere
1 Trinkhalm

1 ➧ Die Zutaten für den Cocktail mit Crushed ice in den Blender geben. Das Ganze gut durchmixen, bis ein sämiger Drink entsteht und dann in eine Cocktailschale seihen.

2 ➧ Zur Dekoration eine Erdbeere an den Glasrand stecken. Mit einem kurzen, dicken Trinkhalm servieren.

Empanadas

Teigtaschen mit Gemüse-Fleisch-Füllung

Zubereitungszeit: ca. 1 Std.

600 g TK-Blätterteig
50 g Korinthen, 1 Zwiebel
1 rote Paprikaschote
50 g Linguica (ersatzweise geräucherte Knoblauchwurst)
2 EL Palmöl (ersatzweise Olivenöl)
250 g Rinderhackfleisch
1 TL Paprikapulver, rosenscharf
1 Msp. Kreuzkümmel (Cumin)
1/2 TL getrockneten Majoran
Salz, Cayennepfeffer
4 EL Rotwein
100 g grüne Oliven ohne Stein
3 hart gekochte Eier
Mehl zum Ausrollen

1 Den Blätterteig auftauen lassen. Die Eier in 8 bis 10 Minuten hart kochen. Die Korinthen in kaltem Wasser einweichen. 2 Zwiebeln schälen und fein würfeln.

2 Die Paprikaschote halbieren, entkernen und waschen. Das Fruchtfleisch und die Wurst fein würfeln.

3 Das Palmöl in einer Pfanne erhitzen, die Zwiebel- und die Paprikawürfel darin bei mittlerer Hitze kurz anschwitzen.

4 Die Wurstwürfel und das Rinderhack zugeben und kurz durchbraten. Mit den Gewürzen abschmecken. Mit dem Rotwein ablöschen.

5 Die Oliven grob würfeln. Die Eier pellen und hacken. Mit den Korinthen unter die Fleischmasse geben.

6 Den Backofen auf 220 °C vorheizen. Den Blätterteig auf einer bemehlter Arbeitsfläche ausrollen. 20 Kreise (à 12 cm Ø) ausstechen.

7 In die Mitte je 2 gehäufte Teelöffel von der Füllung geben, die Teigränder mit Wasser bestreichen und zu einer Halbkreistasche umklappen. Die Ränder mit einer Gabel andrücken.

8 Mit dem restlichen verquirlten Ei die Teigstücke bestreichen und auf ein kalt abgespültes Backblech setzen. Im Ofen auf mittlerer Schiene etwa 20 Minuten backen.

9 Die Empanadas herausnehmen und warm oder kalt servieren.

Cuervo Caipi

(auf dem Foto: links)

Für den Cocktail:
6 cl Cuervo Especial (Tequila)
1 Limette
2 Barlöffel Rohrzucker
Crushed ice

Außerdem:
1 Trinkhalm und 1 Stirer

1 Die Limette in kleine Stücke schneiden und in einen Tumbler geben. 2 Barlöffel Rohrzucker hinzufügen und das Ganze kräftig zerdrücken.

2 Das Glas mit Crushed ice auffüllen und den Cuervo Especial darauf gießen. Mit Trinkhalm und Stirer servieren.

Tequila Sunrise

Tequila Sunrise

(auf dem Foto: Mitte)

Für den Cocktail:
5 cl Tequila
4 cl Zitronensaft
8 cl Orangensaft
2 cl Grenadine, einige Eiswürfel

Außerdem:
1 Orangenscheibe
1 Trinkhalm und 1 Stirer

1 Alle Zutaten ohne Grenadine mit Eiswürfeln in den Shaker geben. Das Ganze kräftig schütteln und durch ein Barsieb in ein Longdrinkglas mit Eiswürfeln seihen.

2 Die Grenadine langsam in den Cocktail laufen lassen. Zur Dekoration die Orangenscheibe an den Glasrand stecken. Mit Trinkhalm und Stirer servieren.

Rio

(auf dem Foto: rechts)

Für den Cocktail:
1 Limette
5 cl Tequila
2 cl Crème de Cassis
12 cl Gingerale, einige Eiswürfel

Außerdem:
1 Limettenscheibe
1 Trinkhalm und 1 Stirer

1 In ein Longdrinkglas einige Eiswürfel geben. Die Limette vierteln, den Saft in ein Glas pressen, Tequila und Cassis hinzufügen und mit dem Barlöffel gut verrühren.

2 Mit Gingerale auffüllen und noch einmal kurz umrühren. Zur Dekoration die Limettenscheibe an den Glasrand stecken. Mit Trinkhalm und Stirer servieren.

Tamarillosalsa mit Tortillachips

Zubereitungszeit: ca. 30 Min.

20 Tamarillos (Baumtomaten)
je 1 rote und gelbe Chilischote
2 Jalapeño-Chilies (ersatzweise auch grüne Chilischoten)
4 EL Zucker
50 ml Reisessig
1 Knoblauchzehe
1 rote Zwiebel
1 Bund Koriander (ersatzweise 1 TL getrockneten Koriander)
2 EL Olivenöl
Salz, schwarzer Pfeffer
200 g Tortillachips (Fertigprodukt)

1 Die Tamarillos schälen, den Stiel abschneiden, dann vierteln. Die rote und die gelbe Chilischote längs halbieren, die Kerne mit einem Messer entfernen.

2 Die Jalapeño-Chilies ebenso halbieren, die Kerne entfernen und das Fruchtfleisch in feine Würfel schneiden.

3 Die Tamarilloviertel in einen Topf geben. Mit den ganzen Chilies, dem Zucker und dem Reisessig etwa 15 Minuten bei kleiner Hitze offen köcheln lassen. Dabei ab und zu umrühren. Dann das Ganze fein pürieren. Abkühlen lassen.

4 Die Knoblauchzehe schälen und fein hacken. Die Zwiebel ebenso schälen und in feine Würfel schneiden. Den Koriander waschen, trockenschütteln und die Blätter abzupfen. Die Korianderblätter fein hacken.

5 Den Knoblauch, die Zwiebelwürfel und den Koriander mit dem Olivenöl in das Tamarillopüree rühren. Die Tamarillosalsa mit Salz und Pfeffer abschmecken. Zu den Tortillachips servieren.

Tortillachips mit Guacamole

Zubereitungszeit: ca. 20 Min.

4 vollreife Avocados
2 Fleischtomaten
4 Knoblauchzehen
Saft von 1 Zitrone
1 TL Senf
1 TL Olivenöl
1 Prise Zucker
1/2 Bund Basilikum
Salz, schwarzer Pfeffer
200 g Tortillachips (Fertigprodukt)

1 Die Tomaten über Kreuz einritzen, etwa 15 Sekunden überbrühen, abschrecken und enthäuten. Dann die Tomaten vierteln, entkernen und das Fruchtfleisch in feine Würfel schneiden.

2 Die Avocados halbieren, den Kern entfernen und einen Kern beiseite legen. Das Fruchtfleisch mit einem Löffel herauslösen und durch ein Haarsieb streichen oder mit dem Pürierstab des Handrührers fein mixen.

3 Die Knoblauchzehen durch eine Knoblauchpresse dazudrücken. Den Zitronensaft, den Senf, das Öl und den Zucker miteinander vermischen und das Ganze gleich unter das Avocadopüree rühren, damit es sich nicht braun verfärbt.

4 Das Basilikum waschen, trockentupfen, die Blätter abzupfen und fein hacken.

5 Die Tomatenwürfel und das Basilikum unter das Avocadopüree heben. Alles mit Salz und Pfeffer abschmecken.

6 Das Püree in eine Schale geben und den beiseite gelegten Kern zufügen. Dadurch hält sich besser die grüne Farbe der Guacamole. Die Tortillachips dazu servieren.

Diese Snacks passen gut zu den Tequila-Cocktails der Seiten 32 bis 35.

Pisco Sour

Für den Cocktail:
5 cl Pisco (Brandy)
3 cl Orangensaft
3 cl Zitronensaft
2 cl Zuckersirup
1 cl Eiweiß
einige Eiswürfel

Außerdem:
$^{1}/_{2}$ Orangenscheibe
$^{1}/_{2}$ Zitronenscheibe
1 Cocktailkirsche

1 ❯ Alle Zutaten für den Cocktail mit Eiswürfeln im Shaker kräftig schütteln und durch ein Barsieb in ein mittelgroßes Stielglas seihen.

2 ❯ Zur Dekoration das Obst an einem Sticker ins Glas geben.

Pisco Sour

Strawberry Coco

Für den Cocktail:
3 cl Kokosnusssirup
6 cl Ananassaft
6 cl Maracujasaft
5 Erdbeeren
Crushed ice

Außerdem:
1 Erdbeere
1 Hibiskusblüte
1 kurzer Trinkhalm

1 ➤ Alle Zutaten für den Cocktail mit Crushed ice im Blender gut durchmixen. Danach alles in ein Ballonglas gießen.

2 ➤ Zur Dekoration die Erdbeere an den Glasrand stecken. Die Hibiskusblüte in den Drink geben. Mit einem kurzen Trinkhalm servieren.

Tacos mit Garnelen, Paprika und Mais

Zubereitungszeit: ca. 30 Min.

2 Frühlingszwiebeln
1/2 Peperoni
200 g kleine, geschälte Camaronenschwänze, ersatzweise Krabben
200 g Maiskörner (aus der Dose)
100 ml Tomatensalsa (Fertigprodukt)
1/2 Kopf Eisbergsalat
1/2 Kopf Lollo rosso
1 rote Paprikaschote
200 g Maiskörner (aus der Dose)
200 g Sauerrahm (20 % Fett)
Saft von 1 Limette
1 Hand voll Korianderblätter (ersatzweise 1/2 TL getrockneten Koriander)
Salz, Cayennepfeffer
10 Tacoschalen (knusprige Maisfladen, Fertigprodukt)

1 Die Frühlingszwiebeln putzen, waschen und in Ringe schneiden. Die Peperoni längs halbieren, entkernen, waschen und ebenfalls in dünne Ringe schneiden.

2 Die Camarones mit der Tomatensalsa, Frühlingszwiebeln und Peperoni mischen und etwas durchziehen lassen. Den Backofen auf 180 °C vorheizen.

3 Inzwischen den Eisbergsalat und den Lollo rosso putzen und in Streifen schneiden.

4 Die Paprikaschote vierteln, entkernen, waschen und in Streifen schneiden. Den Mais in einem Sieb kalt abspülen.

5 Den Sauerrahm und den Limettensaft mit einem Schneebesen glatt rühren.

6 Den Koriander waschen, trockentupfen und hacken. Dann zufügen und die Sauce mit Salz und Cayennepfeffer abschmecken.

7 Die Tacoschalen im Ofen nach Packungsanweisung etwa 5 Minuten kross aufbacken. Die Tacoschalen herausnehmen und gleichmäßig mit den Salatstreifen auslegen.

8 Dann mit den Paprikastreifen und dem Mais belegen. Die marinierten Camarones darauf verteilen und mit je einem Löffel von der Sauce garnieren.

Anstelle der Camarones können Sie auch gebratenes Hähnchenbrustfilet verwenden. Schneiden Sie es vor dem Marinieren in kleine Würfel.

Tacos mit Avocado und roten Bohnen

Zubereitungszeit: ca. 30 Min.

3 reife Avocados
Saft von $^1/_2$ Zitrone
250 g Sauerrahm (20 % Fett)
1 Knoblauchzehe
6 Blatt Basilikum (fein geschnitten)
Salz, schwarzer Pfeffer
$^1/_2$ Kopf Eisbergsalat
$^1/_2$ Kopf Lollo rosso
1 Fleischtomate
3 Frühlingszwiebeln
1 Peperoni
1 Hand voll Koriander (ersatzweise
$^1/_2$ TL getrockneten Koriander)
250 g Kidneybohnen (aus der Dose)
10 Tacoschalen (Fertigprodukt)

1 Die Avocados halbieren, den Kern entfernen. Die Avocadohälften schälen, das Fruchtfleisch würfeln und mit dem Zitronensaft beträufeln.

2 Den Sauerrahm, die durchgepreßte Knoblauchzehe und die Basilikumblätter dazugeben und alles fein pürieren. Mit Salz und Pfeffer würzen. Den Backofen auf 180 °C vorheizen.

3 Den Eisbergsalat in $^1/_2$ cm breite Streifen schneiden. Den Lollo rosso putzen, dann ebenso in Streifen schneiden. Beide Salate waschen und gut abtropfen lassen.

4 Die Tomate waschen und in kleine Würfel schneiden. Die Frühlingszwiebel putzen, waschen und in Ringe schneiden. Die Peperoni längs halbieren, Kerne entfernen und in Streifen schneiden. Die Korianderblätter hacken. Alles mit den Tomaten mischen etwas salzen und pfeffern.

5 Die Kidneybohnen in einem Sieb kalt abspülen.

6 Die Tacoschalen im Ofen nach Packungsanweisung etwa 5 Minuten kross aufbacken. Dann die Tacoschalen herausnehmen und gleichmäßig mit den Salatstreifen auslegen.

7 Dann mit der Frühlingszwiebel-Tomatenmischung füllen. Das Avocadopüree und die Kidneybohnen zum Schluss hineingeben.

Caipirinha

Caipirinha

(auf dem Foto links)

Für den Cocktail:
1 Limette
2 Barlöffel Rohrzucker
Crushed ice
6 cl Berro d'Aqua (Cachaça)

Außerdem:
1 Trinkhalm und 1 Stirer

1. Die Limette in kleine Stücke schneiden und in einen Tumbler geben. Zwei Barlöffel Rohrzucker hinzufügen und kräftig zerdrücken.
2. Das Glas mit Crushed ice auffüllen und den Cachaça darüber gießen. Mit Trinkhalm und Stirer servieren.

Panama Cocktail

(auf dem Foto links)

Für den Cocktail:
4cl Tequila
1 cl Zitronensaft
3 cl Erdbeersirup
6 cl Orangensaft
einige Eiswürfel

Außerdem:
1 Erdbeere
1 Zweig frische Minze
1 Trinkhalm und 1 Stirer

1. Die Zutaten zusammen mit einigen Eiswürfeln kräftig schütteln und das Ganze in einen Tumbler geben.
2. Zur Dekoration die Erdbeere sowie die Minze an den Glasrand stecken und zum Schluss noch einen Trinkhalm sowie einen Stirer ins Glas geben.

Zubereitungszeit: ca. 2 Std. (plus Einweichzeit über Nacht)

Für das Bohnenpüree:
200 g getrocknete Wachtelbohnen
750 ml Wasser
1 rote Zwiebel
1 Lorbeerblatt
1 Nelke
1 Zweig Bohnenkraut (ersatzweise $^1/_2$ TL getrocknetes Bohnenkraut)
60 g Chorizo (geräucherte Knoblauchwurst)
Salz
3 EL Butterschmalz
schwarzer Pfeffer

Außerdem:
10 Tortillas (à 12 cm Ø, Fertigprodukt)

Antojitos

Tortillas mit Bohnenpüree

1 › Am Vortag die Bohnen in einem Sieb waschen und gut abtropfen lassen. Die Bohnen in einer Schüssel mit dem Wasser bedecken und über Nacht einweichen.

2 › Am nächsten Tag alle auf der Wasseroberfläche schwimmenden Bohnen entfernen. Die restlichen Bohnen mit dem Einweichwasser in einen Topf geben und bei großer Hitze zum Kochen bringen.

3 › Inzwischen die Zwiebel schälen und mit dem Lorbeerblatt und der Nelke spicken. Mit dem Bohnenkraut, der Wurst und 1 Teelöffel Salz in den Topf geben und alles etwa $1^1/_2$ Stunden zugedeckt bei mittlerer Hitze kochen lassen. Dabei ab und zu umrühren.

4 › Dann die Wurst herausnehmen und fein würfeln.

5 › Das Bohnengemüse in ein Sieb über einen zweiten Topf abgießen, dabei die Kochflüssigkeit aufbewahren. Das Bohnenkraut, das Lorbeerblatt und die Nelke aus dem Bohnengemüse entfernen.

6 › Die Bohnen mit der Wurst, der Zwiebel, dem Butterschmalz und etwa 3 Esslöffel Kochflüssigkeit pürieren. Sollte die Bohnenpaste zu fest sein, noch etwas Kochflüssigkeit unterrühren. Dann die Paste mit Salz und Pfeffer abschmecken.

7 › Die Tortillas portionsweise nochmals in der Pfanne mit etwas Öl von beiden Seiten knusprig braten. Herausnehmen, vierteln und mit der Bohnenpaste bestreichen.

Batida de Coco

Für den Cocktail:

4 cl Batida de Coco
2 cl Havana Club (weißer Rum)
2 cl Lime Juice
8 cl Ananassaft
einige Eiswürfel
Crushed ice

Außerdem:

1 Ananasstückchen
1 Cocktailkirsche
1 Trinkhalm und 1 Stirer

1 Die Zutaten für den Drink mit einigen Eiswürfeln in den Shaker geben und kräftig schütteln.

2 Das Ganze durch ein Barsieb in ein Longdrinkglas mit Crushed ice seihen. Das Ananasstückchen mit der Kirsche am Sticker an den Glasrand stecken. Mit Trinkhalm und Stirer servieren.

Tequila Caliente

Tequila Caliente

Für den Cocktail:
- 4 cl Tequila
- 1 cl Crème de Cassis
- 1 cl Limettensaft
- 1 cl Grenadine
- 14 cl Mineralwasser
- einige Eiswürfel

Außerdem:
- 1 Johannisbeerrispe
- 1 Limettenscheibe
- 1 Trinkhalm und 1 Stirer
- 1 Stirer

1 Alle Zutaten ohne Mineralwasser in ein Longdrinkglas mit Eiswürfeln geben und gut durchrühren.

2 Mit kaltem Mineralwasser auffüllen und noch einmal durchrühren. Die Johannisbeerrispe an der Limettenscheibe befestigen und an den Glasrand stecken. Mit Trinkhalm und Stirer servieren.

Türkis schillerndes Wasser, traumhaft weiße Strände und tropische Wälder, einsame Buchten, bizarre Korallenriffe und Menschen, deren ausgelassene Lebensfreude ansteckend ist. Karibik – das ist nicht nur eine Welt von über 100 kleinen, mittleren und großen Inseln: Es ist Sommer und Sonne satt. Und es ist die heimat von Raggae und Rum, von „Planter's Punsch“, „Cuba Libre“ und einer Vielzahl köstlicher kreolischer Spezialitäten. Folgen Sie uns doch einfach in das kleine Paradies und genießen Sie die Tropical-Drinks und die exotischen Häppchen.

Wo Lebensfreude den Takt angibt Karibik

Mit Kolumbus fing alles an

Er suchte den kürzesten Seeweg nach Indien. Doch Christopher Kolumbus verfuhr sich gründlich und entdeckte dafür im Jahre 1492 die Großen und Kleinen Antillen. Millionen von Rum-Fans auf der ganzen Welt sind ihm für diesen Irrtum heute noch dankbar. Letztlich brachte er ihnen eine Fülle köstlicher Drinks. Im Jahre 1494 nahm Kolumbus aus Europa einige Zuckerrohrpflänzchen mit, die in dem milden, tropischen Klima prächtig gediehen. Schnell breitete sich der Zuckerrohranbau in der gesamten Karibik aus und führte über den Zucker schließlich zum „Gold der Karibik", zum Rum. Und noch heute ist die Inselwelt der Antillen wichtigstes Rum-Herkunftsland.

Das flüssige Zuckerrohrdestillat von damals, Taiffa genannt, war mit dem heutigen Rum nicht zu vergleichen. Es war so hochprozentig und so ätzend in den Kehlen, dass es von den englischen Matrosen „Kill-devil" (Teufelsmörder) genannt wurde. Nach ausgiebigen Trinkgelagen gab es meist Krawall-„Rumbuillon". Vielleicht ist das eine Erklärung für den Namen Rum.

Kuba: Tropisches Cocktailparadies

Tropisches Klima, exotische Früchte im Übermaß und ein ausgezeichneter Rum machten die karibische Insel Kuba um die Jahrhundertwende zum Cocktailparadies schlechthin. In den Bars der Hauptstadt Havanna boomte es. Angeblich war es ein amerikanischer Leutnant, der dort anno 1898 den beliebtesten Longdrink der Welt, den „Cuba libre", erfand. Er trank gerade einen weißen Rum, der ja bekanntlich seinen Ursprung auf Kuba hat, als sein Blick auf andere Soldaten fiel, die sich mit der gerade erst erfundenen Coca Cola erfrischten. Dies brachte ihn auf die Idee, Rum und Cola zu mischen. Diese Liaison nannte er „Cuba libre" – „freies Kuba". Denn im selben Jahr hatte sich die Insel nach langem Kampf um die Unabhängigkeit schließlich mit amerikanischer Hilfe von der spanischen Kolonialmacht befreit.

Ihren großen Aufschwung erlebten die kubanischen Bars und Drinks während der amerikanischen Prohibition vom 6. Januar 1919 bis zum 5. Dezember 1933. Während dieser „Trockenzeit" kamen durstige Amerikaner in Scharen auf die größte Karibikinsel. Und die kubanischen Cantineros servierten ihnen die besten Drinks der Welt. Es entstanden „Mojito", „Rum Collins" und „Mary Pickford". In der legendären **„Floridita Bar"** am Plazuela de Supervielle kreierte der König der Cocktails, der kubanische Bartender Constantino Ribailagua den „Frozen Daiquiri" und während seiner Amtszeit von 1912 bis 1952 soll er Millionen von „Daiquiri" in die Gläser seiner vielen Stammgäste gegossen haben. Zu denen gehörte übrigens auch der amerikanische Schriftsteller Ernest Hemingway. Am Ende des etwa 13 Meter langen Mahagoni-Tresen, gleich auf dem ersten Barhocker, hatte „Papa", wie Hemingway liebevoll von den Einheimischen genannt wurde, seinen Stammplatz.

Nicht weit davon entfernt, am Plaza de la Catedral, liegt die ebenfalls weit über Kuba hinaus bekannte **„Bodeguita del Medio".** Auch sie war während der kubanischen Glanzzeit Treffpunkt vieler Künstler, Intellektueller und der Schickeria. Und natürlich war auch hier Hemingway Stammgast und trank mit Vorliebe seine „Mojitos". Aber auch der chilenische Präsident Allende und auch Garcia Maria Marquez gehörten zu den prominenten Gästen der Bar. Noch heute zählt ein Schuh Allendes sowie ein Scheck mit der Unterschrift Fidel Castros zu den Ausstellungsstücken, die täglich von Touristenscharen bestaunt werden. Ein Muss für jeden Gast der Hauptstadt ist heute wie damals der Besuch des berühmten Nachtclubs **„Tropicana"** in der Calle 72. Unter freiem Himmel findet jeden Abend eine Show mit bis zu 150 Künstlern in farbenfrohen Kostümen statt, die eine faszinierende Mischung von Musik und Tanz bieten.

Der ewig durstende Hemingway

Die teuersten Zigarren der Welt

Neben Rum, den daraus gemixten Cocktails und purer Lebensfreude gibt es noch ein weiteres „Genussmittel", das weit über die Grenzen Kubas berühmt wurde: der Tabak. Auf einer Fläche von über 70 000 Hektar werden auf der Insel Tabakpflanzen angebaut, und zwar in allerbester Qualität. Und Kenner behaupten zu Recht, dass nur eine echte Havanna eine Zigarre sei. Wie vor hundert Jahren wird die kubanische Spezialität in Handarbeit gewickelt. Jeder Zigarrenwickler (heute sind es meist Frauen), fertigt im Durchschnitt 100 Zigarren täglich an. Das ist beachtlich, wenn man bedenkt, wie viel Arbeitsgänge und wie viel Geschick es braucht, um diese Luxus-Exemplare (die teuersten kosten mehrere hundert Mark pro Stück) wie Cabanas, H. Upmann, Rome y Julieta und Montechristos zu fertigen. Königin unter den Havanna-Zigarren ist übrigens eine Cohiba. Sie wird allerdings nicht geraucht, sondern zelebriert.

Grenadines: mit dem Boot von Bar zu Bar

Sie sind das Seglerparadies schlechthin. Über eine ununterbrochene Linie von 100 Kilometern erstrecken sich die Grenadines von St. Vincent im Norden und Grenada im Süden. Und sie haben die originellsten und flippigsten Bars der Karibik. Da liegt es doch einfach nahe, beides – nämlich Bars und Paradies – per Boot zu erkunden. Noch ein zahmer „Planter's Punsch" im **„Mariner's Inn"** in St. Vincent und dann nichts wie ab in die Koje. Am nächsten Morgen soll es in aller Frühe losgehen – und das mit möglichst klarem Kopf. Die Sonne lacht, der Himmel strahlt, nur hin und wieder ziehen ein paar Haufenwolken wie kleine weiße Wattebausche vorbei, als wir in See stechen.

Ein leichter Nordost-Passat treibt uns gemächlich gen Süden. Unser erstes Ziel, die Insel Bequia, kann man schon am Horizont sehen. Wir haben Glück. In der Admirality Bay, in der an manchen Tagen über 50 Segelschiffe ankern, ist es noch verhältnismäßig leer. Und so finden wir auf Anhieb ein Plätzchen direkt vor dem **„Frangipani"**. Diese Bar ist seit Jahrzehnten gesellschaftlicher Mittelpunkt der Insel, aber vor allem Treffpunkt der Yachties aus aller Welt. Es gibt wirklich nichts Schöneres, als unter den großen alten Palmen direkt am Wasser zu sitzen, einen oder auch zwei „Pina Colada" zu schlürfen und so richtig dickes Seemannsgarn zu spinnen …

Daiquiri

Mary Pickfort

Für den Cocktail:
4 cl Havana Club (weißer Rum)
4 cl Ananassaft
1 cl Grenadine
1 cl Maraschino, einige Eiswürfel

1. Die Zutaten für den Cocktail mit einigen Eiswürfeln im Shaker kräftig schütteln.
2. Durch ein Barsieb in ein Cocktailglas seihen.

Daiquiri

Für den Cocktail:
5 cl Havana Club (weißer Rum)
3 cl Zitronensaft
2 cl Zuckersirup, einige Eiswürfel

Außerdem:
1 Cocktailkirsche

1. Alle Zutaten für den Cocktail mit einigen Eiswürfeln im Shaker kräftig schütteln und durch ein Barsieb in ein Cocktailglas seihen
2. Zur Dekoration eine Kirsche am Sticker ins Glas geben.

Strawberry Daiquiri

Strawberry Daiquiri

Für den Cocktail:
4 cl weißer Rum
2 cl Erdbeersirup
3 cl Zitronensaft
1 cl Zuckersirup, einige Eiswürfel

Außerdem:
1 Erdbeere

1 Die Zutaten für den Cocktail mit einigen Eiswürfeln in einen Shaker geben. Das Ganze kräftig schütteln und durch ein Barsieb in ein Cocktailglas seihen.

2 Zur Dekoration die Erdbeere an den Glasrand stecken.

Valderama

Für den Cocktail:
2 cl Malibu (Kokosnusslikör)
2 cl Havana Club (weißer Rum)
3 cl Lime Juice
10 cl Tonic Water
einige Eiswürfel

Außerdem:
1 Limettenscheibe
1 Cocktailkirsche
1 Trinkhalm

1 Die Zutaten für den Drink mit einigen Eiswürfeln in ein Longdrinkglas geben und mit Tonic Water auffüllen.

2 Zur Dekoration die Limettenscheibe mit der Kirsche am Sticker an den Glasrand stecken. Mit einem Trinkhalm servieren.

Mojito

Mojito

Für den Cocktail:
6–8 Blättchen frische Minze
5 cl Havana Club (weißer Rum)
3 cl frischer Limettensaft
2 cl Zuckersirup
6 cl kaltes Mineralwasser zum Auffüllen

Außerdem:
1 Limettenscheibe
1 Cocktailkirsche
1 Trinkhalm

1 Die frische Minze zusammen mit dem weißen Rum in einem Longdrinkglas zerdrücken.

2 Danach den Limettensaft und den Zuckersirup dazugeben und umrühren. Mit gekühltem Mineralwasser auffüllen.

3 Zur Dekoration die vorbereitete Limettenscheibe mit der Kirsche am Sticker an den Glasrand stecken. Mit einem Trinkhalm servieren.

Die Spanferkelrips passen sehr gut zum „Cuba Libre" Rezept auf Seite 61.

Spanferkelrips

Zubereitungszeit: ca. 1 1/2 Std.
(plus Marinierzeit über Nacht)

4 Spanferkelrippenstücke à 600 g (oder Sparerips)
10 Pimentkörner
2 Chilischoten
2 TL Salz
1/2 TL schwarzer Pfeffer
2 EL brauner Zucker
1/4 TL gemahlene Nelken
1/2 TL gemahlener Zimt
1/2 TL gemahlener Ingwer
Saft von 2 Limetten
2 Knoblauchzehen

1 Am Vortag das Fleisch waschen und trockentupfen. Die Schwarte der Rippenstücke rautenförmig mit einem Messer einritzen.

2 Die Pimentkörner in einem Mörser zerstoßen oder grob hacken. Die Chilischoten längs halbieren, die Kerne und Trennwände mit einem Messer entfernen. Die Chilihälften waschen und fein hacken.

3 Die zerstoßenen Pimentkörner mit den Chilischoten, Salz, Pfeffer, Zucker, Nelken, Zimt, Ingwer und Limettensaft in eine Schüssel geben. Den Knoblauch schälen und durch die Presse dazudrücken. Alles gut verrühren und das Fleisch mit der Würzmischung rundherum einreiben. Über Nacht an einem kühlen Ort darin durchziehen lassen.

4 Am nächsten Tag den Backofen auf 200 °C vorheizen. Das Fleisch mit der Schwarte nach oben in eine Kasserolle setzen und auf mittlerer Schiene im Ofen solange (etwa 8 Minuten) braten, bis die Schwarte braun wird.

5 Dann die Temperatur auf etwa 170 °C zurückschalten und 1 1/2 Stunden weiter knusprig backen.

6 Das Fleisch herausnehmen und etwas abkühlen lassen. Auf dem Schneidebrett die Rippchen in Stücke schneiden, die Enden mit etwas Alufolie umwickeln.

Black Russian

Black Russian

(auf dem Foto: rechts)

Für den Cocktail:
3 cl Smirnoff (Wodka)
3 cl Tia Maria (Kaffeelikör)
einige Eiswürfel

Außerdem:
1 Stirer

1 ➤ In einen Tumbler einige Eiswürfel geben und die Zutaten für den Drink hinzufügen.

2 ➤ Mit einem Stirer servieren.

Cuba Libre

(auf dem Foto: links)

Für den Cocktail:
5 cl Havana Club (weißer Rum)
1 cl Zitronensaft
12 cl Coca-Cola zum Auffüllen
einige Eiswürfel

Außerdem:
1 Limettenscheibe
1 Stirer

1 ➤ In ein Longdrinkglas einige Eiswürfel geben. Den Rum und den Zitronensaft hinzufügen.

2 ➤ Das Glas mit Cola auffüllen und zur Dekoration eine Limettenscheibe an den Glasrand stecken. Den Cuba Libre mit einem Stirer servieren.

Bananenchips

Zubereitungszeit: ca. 20 Min.

6 grüne Kochbananen
ca. $^1/_2$ l Pflanzenöl zum Frittieren
Salz

1 ❥ Die Kochbananen schälen und quer in dünne Scheiben schneiden.

2 ❥ Inzwischen in einem Topf oder in der Fritteuse das Öl auf etwa 180 °C erhitzen und die Bananenscheiben darin nach und nach in etwa 2 Minuten kross ausbacken.

3 ❥ Mit einem Schaumlöffel die Bananenchips herausnehmen und auf Küchenpapier abtropfen lassen. Dann die Chips leicht salzen.

4 ❥ Die abgekühlten Chips in einem Körbchen mit Papierserviette oder im Bananenblatt servieren.

Das Öl ist heiß genug, wenn sich an einem Holzlöffel kleine Blasen bilden.

Feeling Well

Feeling Well

Für den Cocktail:
4 cl Havanna Club (weißer Rum)
2 cl Malibu (Kokosnusslikör)
6 cl Ananassaft
4 cl Maracujasaft
3 cl Grapefruitsaft
einige Eiswürfel

Außerdem:
1 Ananasstückchen
1 Cocktailkirsche

1 Die Zutaten für den Drink mit einigen Eiswürfeln in einen Shaker geben. Das Ganze kräftig schütteln und anschließend mit den Eiswürfeln in ein Longdrinkglas geben.

2 Zur Dekoration das Ananasstückchen mit der Kirsche am Sticker an den Glasrand stecken.

Chili-Camarones

Scharf gewürzte Garnelen

Zubereitungszeit: ca. 30 Min. (plus 2 Std. Zeit zum Marinieren).

20 Garnelenschwänze (ersatzweise TK-Ware)
2 Limetten
1 TL Salz
2 rote Chilischoten
1 Knoblauchzehe
1 rote Paprikaschote
ca. 100 ml Pflanzenöl zum Fritieren
1 kleines Bund Koriander
4 EL Olivenöl

1 ❥ Die Garnelenschwänze mit den Fingern vorsichtig aus der Schale brechen. Mit einem scharfen Messer einen flachen Einschnitt am Rücken der Garnele machen. Dann den dunklen Darm, der am Rücken verläuft, herausziehen.

2 ❥ Eine Limette heiß waschen, trockenreiben, die Schale abreiben und beiseite stellen. Von beiden Limetten den Saft auspressen.

3 ❥ Den Limettensaft und das Salz verrühren. Die geputzten Garnelen damit beträufeln.

4 ❥ Die Chilischoten längs halbieren, die Kerne mit einem Messer entfernen und die Chilihälften fein würfeln. Die Knoblauchzehe durch die Knoblauchpresse drücken.

5 ❥ Die Chilis und den Knoblauch zu den Garnelen geben, alles verrühren und etwa 2 Stunden im Kühlschrank durchziehen lassen.

6 ❥ In der Zwischenzeit die Paprikaschote waschen, trockentupfen und im heißen Öl solange frittieren, bis sich die Schale löst. Dabei die Schote mit einer Gabel wenden. Dann sie mit einem Schaumlöffel herausnehmen und auf Küchenpapier abtropfen lassen.

7 ❥ Die Haut der Paprika abziehen, das Fruchtfleisch vierteln und vom Kerngehäuse befreien. Die Paprika anschließend in kleine Würfel schneiden.

8 ❥ Das Korianderkraut waschen, sorgfältig trockentupfen und grob hacken.

9 ❥ Das Olivenöl in einer Pfanne erhitzen. Die Garnelenschwänze darin beidseitig je 2 bis 3 Minuten anbraten.

10 ❥ Die Limettenschale, die Paprikawürfel und den Koriander mit in die Pfanne geben und die Garnelen darin schwenken – aber nur so lange, bis sie gerade heiß sind, sonst werden sie hart.

Mai Tai

(auf dem Foto unten: links)

Für den Cocktail:
Crushed ice
3 cl Havanna Club (weißer Rum)
3 cl Myers (brauner Rum)
2 cl frischer Limettensaft
1 cl Mandelsirup, 1 cl Cointreau
einige Eiswürfel

Außerdem:
1 Ananasstückchen
1 Cocktailkirsche
1 frischer Minzezweig
1 Limettenscheibe
2 kurze Trinkhalme

1 Ein großes Old-fashioned-Glas zur Hälfte mit Crushed ice füllen. Die Zutaten für den Drink im Shaker kräftig schütteln. Dann durch ein Barsieb ins Glas seihen.

2 Zur Dekoration Ananas, Kirsche, Minze und Limette am Sticker an den Glasrand stecken. Mit Trinkhalmen servieren.

Exotica

(auf dem Foto unten: rechts)

Für den Cocktail:
2 cl Malibu (Kokosnusslikör)
1 cl Amaretto Di Saronno (Mandellikör)
2 cl Ananassaft, 2 cl frische Sahne
einige Eiswürfel

Außerdem:
etwas Kaffeepulver

1 Die Zutaten für den Drink mit einigen Eiswürfeln in den Shaker geben. Das Ganze kräftig schütteln und durch ein Barsieb in ein Cocktailglas seihen.

2 Zur Dekoration das Kaffeepulver auf den Cocktail streuen.

Kubanische Schweineschwartenchips

Zubereitungszeit: ca. 30 Min.

1 kg Schweineschwarte (am besten 2 bis 3 Tage beim Metzger vorbestellen)
Salz

1 Die Schweineschwarte mit einer Spicknadel mehrmals einstechen. Dann die Schwarte mit dem Messer in etwa 3 cm große Rauten schneiden.

2 Die Rauten etwas salzen und die Schweineschwarte in eine schwere, tiefe Pfanne geben.

3 Etwas Wasser angießen und die Schwartenstücke bei kleiner Hitze langsam ausbraten. Dabei mehrmals umrühren.

4 Wenn die Schwartenstücke hellbraun geworden sind, das schwimmende Fett vorsichtig in eine Metallschüssel abgießen.

5 Vom Bratfett etwa 2 Esslöffel zurück in die Pfanne geben und die Schwartenstücke darin braun und kross fertig braten.

6 Die Chips aus der Pfanne nehmen und auf Küchenpapier abtropfen lassen. Nach Belieben etwas salzen und noch warm servieren.

Planter's Punch

Planter's Punch

Für den Cocktail:
- 3 cl weißer Rum
- 3 cl brauner Rum
- 6 cl Ananassaft
- 6 cl Orangensaft
- 2 cl Zitronensaft
- 1 cl Grenadine
- einige Eiswürfel

Außerdem:
- 1 Ananasstückchen
- 1 Cocktailkirsche
- 1 Trinkhalm

1 Die Zutaten für den Drink mit einigen Eiswürfeln in den Shaker geben. Das Ganze kräftig schütteln und durch ein Barsieb in ein Longdrinkglas mit Eiswürfeln seihen.

2 Das Ananasstückchen mit der Kirsche am Sticker an den Glasrand stecken. Mit einem Trinkhalm servieren.

Coconut Kiss

Für den Cocktail:
4 cl Cream of Coconut
8 cl Ananassaft
6 cl Maracujasaft
2 cl frische Sahne
einige Eiswürfel

Außerdem:
1 Ananasstückchen
1 Cocktailkirsche
1 Trinkhalm

1 ➧ Die Zutaten für den Drink mit einigen Eiswürfeln in den Shaker geben. Das Ganze kräftig schütteln und durch ein Barsieb in ein Longdrinkglas mit einigen Eiswürfeln seihen.

2 ➧ Zur Dekoration das Ananasstückchen mit der Kirsche am Sticker an den Glasrand stecken. Mit einem Trinkhalm servieren.

Piña Colada

Piña Colada

Für den Cocktail:
5 cl Havanna Club (weißer Rum)
8 cl Ananassaft
4 cl frische Sahne
4 cl Cream of Coconut
einige Eiswürfel

Außerdem:
1 Ananasstückchen
1 Cocktailkirsche
1 Trinkhalm und 1 Stirer

1 ➧ Die Zutaten für den Drink mit einigen Eiswürfeln in einen Shaker geben. Das Ganze kräftig schütteln und durch ein Barsieb in ein Ballonglas mit einigen Eiswürfeln seihen.

2 ➧ Zur Dekoration das Ananasstückchen mit der Kirsche am Sticker an den Glasrand stecken. Mit Trinkhalm und Stirer servieren.

Caribbean Malibu

Für den Cocktail:
3 cl Malibu (Kokosnusslikör)
2 cl Tequila
2 cl Erdbeersirup
1 cl Zitronensaft
6 cl Orangensaft
6 cl Maracujasaft
einige Eiswürfel

Außerdem:
1 Erdbeere
1 Trinkhalm und 1 Stirer

1 Die Zutaten für den Cocktail mit einigen Eiswürfeln in den Shaker geben. Das Ganze kräftig schütteln und durch ein Barsieb in ein Longdrinkglas auf einige Eiswürfel seihen.

2 Zur Dekoration die Erdbeere an den Glasrand stecken. Den Drink mit Trinkhalm und Stirer servieren.

Rum Punch

Für 4 Portionen

Für die Bowle:
1/2 Flasche Havanna Club (weißer Rum)
1/2 Flasche Lime Juice
1 Flasche Mineralwasser
2 unbehandelte Limetten
einige Eiswürfel

Außerdem:
einige Limettenscheiben
einige Stirer

1 Eine Karaffe zur Hälfte mit Eiswürfeln füllen und die in achtel geschnittenen Limetten dazugeben. Die Zutaten für die Bowle in die Karaffe geben, umrühren und etwa 30 Minuten ruhen lassen. Den Rum Punch mit Eis in Longdrinkgläsern servieren.

2 Zur Dekoration die Limettenscheiben halbieren, auf jeden Drink legen, einen Stirer ins Glas geben.

Zubereitungszeit: ca. 40 Min.
(plus 12 Std. Zeit zum Marinieren)

Für die Spieße:
900 g Hähnchenflügel
Salz
3–4 EL Öl
20 Schaschlikspieße aus Holz

Jerk Chicken Wings

Gebackene Hähnchenflügel

Für die Marinade:
50 ml Tomatenketschup
50 g Tomatenmark
50 ml helle Sojasauce
50 g Black-bean-Sauce (Sojabohnensauce – gibt's im Asienladen)
50 ml Pflaumenwein
50 ml Sesamöl

Für die Sauce:
6 rote Chilischoten
2 cm Ingwerwurzel
100 ml Weißweinessig
100 g braunen Zucker
1 TL Salz

Außerdem:
Alufolie, 1/2 Weißkohl

1 Die Hähnchenflügel waschen, trockentupfen und salzen. Zutaten für die Marinade verrühren. Die Flügel damit bestreichen und etwa 4 Stunden ziehen lassen.

2 Inzwischen für die Sauce die Chilischoten waschen, putzen und in feine Würfel schneiden. Den Ingwer schälen, fein würfeln.

3 Die Chilischoten mit dem Ingwer, Essig, Zucker und Salz aufkochen. Zum Abkühlen beiseite stellen.

4 Den Ofen auf 200 °C vorheizen. Die Flügel auf eine Fettpfanne legen und mit dem Öl beträufeln. Auf mittlerer Schiene im Ofen etwa 45 Minuten braten, zwischendurch mit Marinade bestreichen.

5 Die Hähnchenflügel herausnehmen, auf Schaschlikspieße stecken und auf den mit Alufolie umwickelten Kohlkopf stecken. Die Sauce extra dazu reichen.

Papayarelish

Zubereitungszeit: ca. 15 Min.
(plus 1 Std. Zeit zum Marinieren)

(auf dem linken Foto: links)

2 Papayas
2 Frühlingszwiebeln
1 kleiner Bund Koriander
1 rote Chilischote
1 gelbe Chilischote
2 EL Sesamöl
abgeriebene Schale und Saft von
1 Limette
1 TL Salz
1 TL brauner Zucker
1 Msp. Kreuzkümmel (Cumin)

1 ➤ Die Papayas schälen, halbieren, entkernen und das Fruchtfleisch in kleine Würfel schneiden. Die Frühlingszwiebeln putzen, dafür den weißen Stielansatz und das obere 1/4 Grün abschneiden. Dann die Frühlingszwiebeln waschen und in feine Ringe schneiden.

2 ➤ Den Koriander waschen, trockenschütteln und die abgezupften Blätter fein hacken. Die rote und gelbe Chilischote waschen, trockentupfen und längs halbieren. Die Kerne mit einem Messer entfernen und die Chilihälften in feine Würfel schneiden.

3 ➤ Die Papayawürfel mit den Frühlingszwiebeln, Koriander und Chili in eine Schüssel geben. Das Sesamöl, Limettenschale und -saft, Salz, Zucker und Kreuzkümmel hinzufügen. Alles etwa 1 Stunde durchziehen lassen. Evtl. noch nachwürzen.

Wachtelkeulchen mit Sesam und Honig

Zubereitungszeit: ca. 15 Min.

20 Wachtelkeulen
Salz, schwarzer Pfeffer
2 EL Pflanzenöl
2 EL Akazienhonig
2 EL weiße Sesamsaat
1 EL schwarze Sesamsaat
20 Papilotten (ersatzweise Alufolie)

1 ➤ Die Wachtelkeulen mit Salz und Pfeffer würzen.

2 ➤ In einer Pfanne das Öl erhitzen und die Wachtelkeulen mit der Hautseite nach bei mittlerer Hitze 1 Minute braun braten.

3 ➤ Dann die Keulen wenden und nochmals 2 bis 3 Minuten braten. Das Öl abgießen, den Honig zugeben und die Keulen damit überziehen. Zum Schluss den Sesam zugeben und die Wachtelkeulen darin schwenken.

4 ➤ Die Wachtelkeulen herausnehmen und das Knochengelenk mit einer Papilotte umwickeln.

New York is the only real city-city“, stellte schon der amerikanische Schriftsteller Truman Capote fest. Das sind aber nicht nur die imposante Skyline von Manhattan, das ständige Verkehrschaos und ein Völkergemisch, wie es bunter nicht sein kann. Der Big Apple, wie die New Yorker ihre Mega-Stadt nennen, sind vor allem 250 Theaterbühnen, 300 Kinos, 80 Museen, 500 Kunstgalerien und Tausende von Restaurants, Kneipen, Clubs und Bars – kurzum – New York ist die größte Freilichtbühne der Welt, 24 Stunden lang geöffnet und das an 365 Tagen im Jahr.

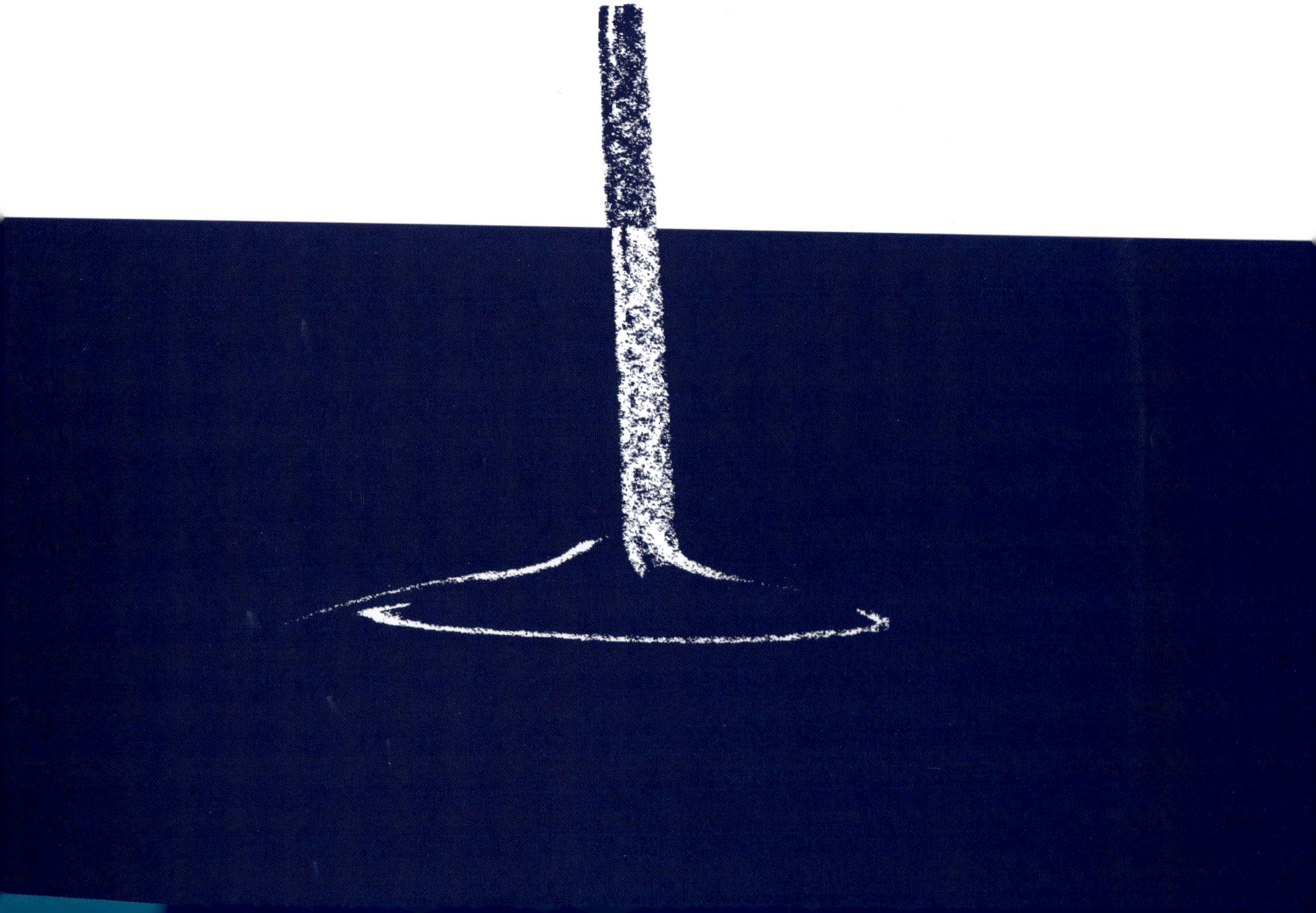

USA - New York

Bourbon, Burger und Big Apple

Martini, Manhattan und Co.

Er ist der berühmteste und nach wie vor bekannteste Cocktail der Welt. Seine Wiege stand in New York und in den USA wird er genauso selbstverständlich getrunken wie bei uns Bier. Die Rede ist vom **„Martini-Cocktail".** Jerry Thomas, Barkeeper im New Yorker **„Metropolitan-Hotel"** und einer der besten Barkeeper seiner Zeit, veröffentlichte im Jahre 1862 in seinem „Bartenders-Guide" das von ihm kreierte Rezept.

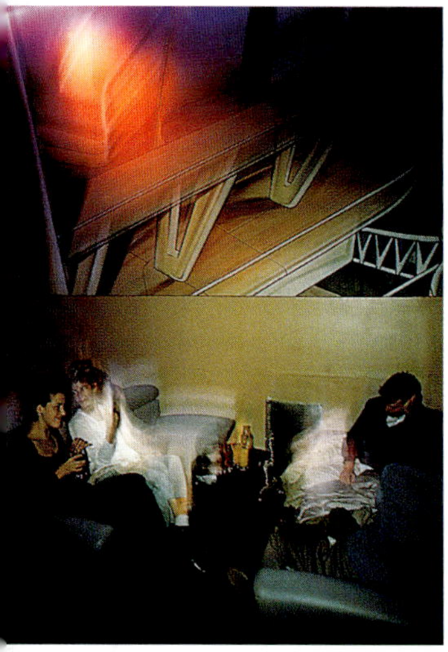

Es gibt kein Standard-Rezept für den klassischen Martini. So mag James Bond sein Lieblingsgetränk nur geschüttelt, nicht aber gerührt. Und von Winston Churchill stammt der Tipp, dass man für einen wirklich trockenen „Martini" die Vermouthflasche nur anschauen, nicht aber berühren darf …

Ebenfalls in den sechziger Jahren des letzten Jahrhunderts entstand ein zweiter, weltberühmter Cocktail: der „Manhattan". Die Amerikaner bestellen ihn oft mit Bourbon Whiskey. Verwendet man einen Scotch Whisky, heißt der Manhattan „Rob Roy".

Aus New Orleans stammt ein weiterer Klassiker der American Drinks, der „Old Fashioned". Von diesem Whiskey-Drink schrieb der berühmte Schriftsteller Ernest Hemingway einmal, er sei nicht nur ein „Masterpiece", also ein echtes Meisterstück, sondern das Paradestück der Mixkunst.

Überhaupt sind die Amerikaner Liebhaber von Whiskey-Cocktails, und zwar vor allem mit Bourbon oder Canadian Whisky, weil diese Whiskys sich wegen ihres milden Aromas zum Mixen besonders gut eignen.

PAN AM

Absolut trendy: die Happy Hour

Es heißt, in New York könnte man zehn Jahre lang jeden Abend eine neue Bar ausprobieren und die Möglichkeiten wären wohl immer noch nicht erschöpft. In der Stadt, die niemals schläft, ist das Angebot riesig. Denn Bars gehören nun einmal zu New York wie der Baseball und der Hot dog. Schon zur Mittagszeit füllen sich die unzähligen Bars mit Leuten aus Geschäften und Büros, die hier in aller Eile ein Bier oder ein Glas Wein herunterstürzen und schnell zu einem Snack greifen. Nach Feierabend kommen dann die gleichen Leute wieder zur Happy Hour, um dann in aller Ruhe einen Cocktail zu schlürfen und beim neuesten Büroklatsch den Arbeitstag ausklingen zu lassen.

Die Happy Hour ist ohnehin eine feste New Yorker Einrichtung. Unter der Woche werden während der zwei Stunden am späten Nachmittag oft sogar kostenlose Snacks zu den Drinks gereicht. Das können „Pretzel" oder „Bagels" , „Blintzes" (mit Hüttenkäse gefüllte Crêpes), oder aber auch ein einfacher „Hot dog" sein, der übrigens das erste Mal vor mehr als hundert Jahren auf Coney Island zubereitet wurde. Der Hamburger erblickte dagegen im Jahre 1885 in der kleinen Stadt Hamburg in der Nähe der Niagara-Fälle das Licht der Welt. Als auf einer Messe das Schweinefleisch für die damals äußerst populären Schweinefleischklopse ausging, improvisierten die Köche mit Rinderhack, dem sie braunen Zucker und Kaffee zusetzten und alles mit Zwiebeln, Ketschup und Senf garnierten.

Das Spektrum der Bars von „Big Apple" ist riesengroß. Da sind zum einen die pulsierenden Kneipen im Brooklyn Heights oder Soho, die irischen Pubs, in denen eifrig Lieder von der grünen Insel geschmettert werden und die stillen und eleganten Bars am Ende der Wall Street. In der Bar des altehrwürdigen **„Waldorf Astoria-Hotels"** nippen Touristen an ihrem Manhattan und lauschen den Klängen des Pianos, auf dem schon Cole Porter gespielt hat. Oder sie probieren in der Nobel-Bar vom **„Ritz-Carlton"** die neueste Kreation von Barman Norman Bukofzer, den „Campari Colada" aus: 1/4 Campari, 3/4 Ananassaft und einem „slug" Kokosnusskonzentrat auf Eis. Den schönsten Blick auf die Skyline von Manhattan hat man jedoch im legendären **„Rainbow Room"** im Rockefeller Center. Hier fühlt man sich im Nu in die Welt der dreißiger Jahre zurückversetzt.

Whiskey – der Inbegriff amerikanischer Trinkkultur

Wenn der Barkeeper im Saloon dem kernigen Cowboy einen Whiskey herüber schob, dann war es mit Sicherheit ein Bourbon. Denn damals wie heute ist Whiskey das Nationalgetränk der Amerikaner, und der Bourbon-Whiskey die beliebteste und weltweit bekannteste Sorte.

Schon im Jahre 1640 wurde erstmals von Brennereien berichtet, und zwar in den Gebieten von Pennsylvania, Virginia und Maryland. Doch immer mehr Brenner zog es nach Kentucky. Hier, im Bourbon-County, gab es das ideale Klima für den Maisanbau und reines Quellwasser. Und im Jahre 1783 gelang es Evan Williams erstmals, aus Mais Whiskey zu destillieren. Als dann auch noch der amerikanische Baptistenprediger Elija Craig den typischen Bourbon-Geschmack (er entsteht, wenn man Bourbon in innen ausgekohlten Fässern lagert) entdeckte, war der Siegeszug des Bourbon nicht mehr aufzuhalten. Immer mehr Brennereien entstanden, zuerst nur für den Hausgebrauch, da man ja dafür keine Steuern zahlen musste. Als jedoch Ende des 18. Jahrhunderts der amerikanische Kongress eine Branntweinsteuer einführte, kam es zu einer Whiskey-Rebellion, die sogar den Einsatz von Truppen erforderlich machte. Allerdings wurde die Steuer wenig später wieder aufgehoben. Die erste lizenzierte Whiskey-Brennerei war übrigens die von Jack Daniels in Lynchburg, Tennessee, aus dessen originalgetreu erhaltener kleiner Farmdestillerie heute noch ein hervorragender Whiskey kommt.

Bourbon-Whiskey besteht zu mindestens 51 %, höchstens aber zu 79 % aus gemälztem Mais. Der Rest sind Roggen, Weizen, Gerste und Hafer. Je höher der Maisanteil, desto milder ist der Geschmack des Whiskeys. Nach der Destillation lagert der Bourbon mindestens zwei, oft sogar vier bis acht Jahre in ausgekohlten Fässern aus Steineiche. Dadurch bekommt er die gewisse Süße und ein leichtes Vanillearoma. Im allgemeinen wird Bourbon unverschnitten, also „straight" oder „unblended" verkauft. Kentucky Straight Bourbon muss aus Kentucky-Getreide in Kentucky hergestellt werden. Blended Bourbon Whiskeys sind ein Verschnitt aus verschiedenen Bourbons und 51 % Straight Bourbon. Noch milder als der Bourbon ist der Tennessee Whiskey, der sein spezielles Aroma durch eine Holzkohlenfilterung (Charcoal Melling) bekommt. Rye Whiskey wird zu mindestens 51 % aus Roggen gebrannt und lagert etwa vier Jahre. Er schmeckt wesentlich würziger als der Bourbon. American Blended Whiskey ist schließlich ein Verschnitt aus Bourbon, Rye Whiskey und Korn.

Aus Kanada kommt der mildeste Whiskey der Welt. Sein Rohstoff ist ebenfalls Mais, dem noch Roggen und eine kleine Menge Gerste zugesetzt werden. Kanadische Whiskeys – es sind fast ausschließlich Blends – werden zweimal gebrannt und lagern mindestens zwei Jahre in Eichenholzfässern, die allerdings nicht ausgekohlt sind. Deshalb sind die Whiskys auch heller und leichter als die amerikanischen Whiskeys.

Vom braunen Sirup zur Weltmarke

Und noch eine amerikanische „Erfindung" ist aus der bunten Welt der Mixgetränke nicht mehr wegzudenken: **Coca-Cola.** Die berühmte Limonade wurde im Jahre 1886 in Atlanta im amerikanischen Bundesstaat Georgia erfunden. Damals bot der Apotheker Dr. John S. Pemberton erstmals ein süffiges Getränk aus selbstgemixtem Sirup und Sodawasser unter dem Namen Coca-Cola an. Die Limonade wurde ein weltweiter Erfolg, der Apotheker ein reicher Mann. Heute ist die braune Brause nicht mehr wegzudenken.

Gebackene Hummerscheren

Zubereitungszeit: ca. 30 Min.

20 gekochte Hummerscheren in der Schale (ersatzweise 20 Riesengarnelen)
5 Scheiben Toastbrot
4 EL Kokosflocken
1 frisches Ei
3 EL Mehl
200 g Butterschmalz

1 Die Hummerscheren an zwei oder drei Stellen mit dem Messerrücken oder einem Nussknacker aufbrechen, ohne das Fleisch zu zerdrücken.

2 Dann die kleinere Zange mitsamt dem Knorpelblatt von der Schere abziehen. Das Hummerscherenfleisch am Stück herausziehen.

3 Das vordere Stück der Hummerscherenschale gut ausspülen und trocknen lassen.

4 Das Toastbrot mit einem scharfen Messer entrinden und dann fein reiben. Mit den Kokosflocken mischen und auf einen Teller geben.

5 Das Ei auf einem anderen Teller verquirlen. Das Hummerscherenfleisch trockentupfen, erst in Mehl wenden und dann durch das Ei ziehen.

6 Zum Schluss im Kokos-Panierbrot wälzen und die Panade etwas andrücken.

7 Das Butterschmalz in einer Pfanne erhitzen und das Scherenfleisch darin schwimmend goldgelb ausbacken.

8 Das Scherenfleisch herausnehmen. Das Ende des Hummerscherenfleisches in den vorderen Teil der Hummerschere stecken und auf einer Platte mit einem Dip (z. B. „Papayarelish“, Seite 71) servieren.

King prawns with bacon

Garnelen mit Speck

Zubereitungszeit: ca. 20 Min.

- 10 Garnelenschwänze (à 13–15cm; ersatzweise TK-Ware)
- 10 dünne Scheiben Frühstücksspeck (bacon)
- schwarzer Pfeffer
- 1 Zweig Zitronenthymian (ersatzweise Thymian)
- 10 Zahnstocher
- 2 EL Maisöl

1 Die Garnelenschwänze mit den Fingern vorsichtig aus der Schale brechen. Mit einem scharfen Messer einen flachen Einschnitt am Rücken der Garnele machen. Dann den dunklen Darm, der am Rücken verläuft, herausziehen.

2 Den Frühstücksspeck nebeneinander auf der Arbeitsfläche ausbreiten.

3 Die Garnelenschwänze etwas pfeffern und auf die Speckscheiben legen.

4 Den Zitronenthymian waschen, trockentupfen und die Blättchen abzupfen.

5 Die Garnelen mit den Kräuterblättchen bestreuen und in den Speck einrollen. Dann mit Zahnstochern feststecken, damit sich der Speck beim Braten nicht abwickelt.

6 In einer großen Pfanne das Maisöl erhitzen und darin die Garnelen bei mittlerer Hitze im Speckmantel in etwa 4 Minuten kross braten. Dann wenden und weitere 4 Minuten garen. Die Garnelen herausnehmen und auf Küchenpapier trockentupfen.

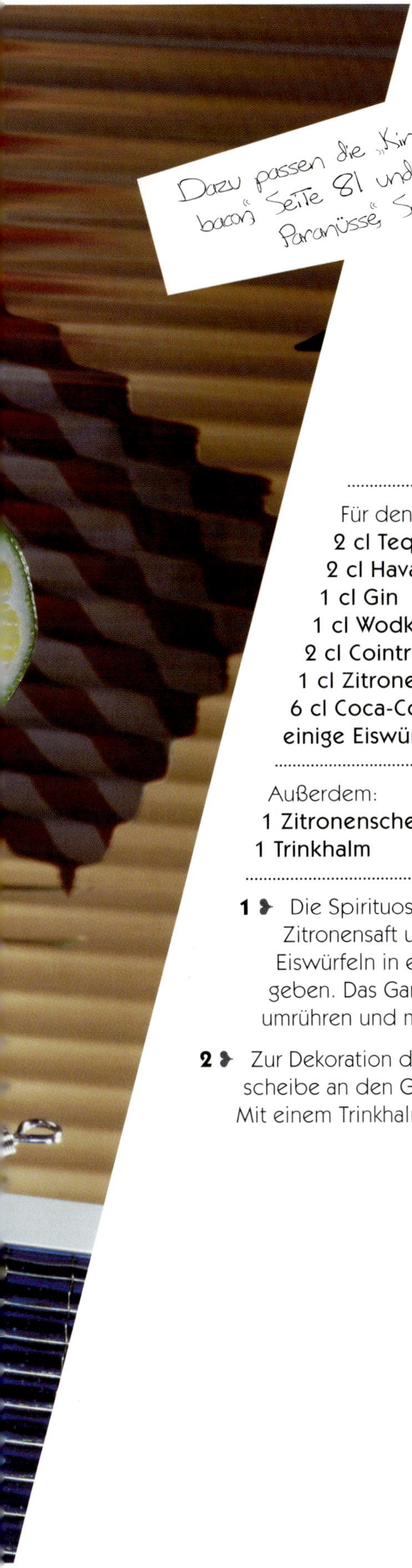

Bloody Mary

(auf dem Foto: Mitte)

Für den Cocktail:
4 cl Smirnoff (Wodka)
1 cl Zitronensaft
12 cl Tomatensaft
einige Eiswürfel
Salz
Pfeffer
Tabasco
Worcestershiresauce

Außerdem:
1 Kirschtomate
1 kleine Stange Staudensellerie
1 Stirer

1 Die Zutaten für den Drink in ein Longdrinkglas mit einigen Eiswürfeln geben. Mit Salz, Pfeffer, Tabasco und Worcestershiresauce würzen.

2 Zur Dekoration die Tomate am Sticker sowie eine kleine Stange Staudensellerie ins Glas geben. Mit einem Stirer servieren.

Long Island Icetea

(auf dem Foto: rechts)

Für den Cocktail:
2 cl Tequila
2 cl Havanna Club (weißer Rum)
1 cl Gin
1 cl Wodka
2 cl Cointreau
1 cl Zitronensaft
6 cl Coca-Cola
einige Eiswürfel

Außerdem:
1 Zitronenscheibe
1 Trinkhalm

1 Die Spirituosen mit dem Zitronensaft und einigen Eiswürfeln in ein Longdrinkglas geben. Das Ganze kräftig umrühren und mit Cola auffüllen.

2 Zur Dekoration die Zitronenscheibe an den Glasrand stecken. Mit einem Trinkhalm servieren.

Shirley Temple

(auf dem Foto: links)

Für den Cocktail:
8 cl Gingerale
8 cl Sprite (Zitronenlimonade)
2 cl Grenadine, einige Eiswürfel

Außerdem:
1 Apfelschalenspirale
1 Limettenscheibe
1 Trinkhalm

1 Sprite und Gingerale in ein Longdrinkglas mit einigen Eiswürfeln geben. Die Grenadine vorsichtig hinzufügen.

2 Zur Dekoration die Apfelschalenspirale vom Rand in das Glas hängen und die Limettenscheibe an den Glasrand stecken. Mit einem Trinkhalm servieren.

New York

(auf dem Foto ganz oben)

Für den Cocktail:	Außerdem:
3 cl Bourbon Whiskey	1 Aprikosenstückchen
2 cl Apricot Brandy	1 Cocktailkirsche
4 cl Maracujanektar	1 Stirer
1 cl Zitronensaft	
einige Eiswürfel	

1 ➧ Alle Zutaten für den Cocktail mit einigen Eiswürfeln in einen Shaker geben. Das Ganze kräftig schütteln und durch ein Barsieb in einen Tumbler mit einigen Eiswürfeln seihen.

2 ➧ Zur Dekoration das Aprikosenstückchen mit der Kirsche am Sticker ins Glas geben. Mit einem Stirer servieren.

Hollywood

(auf dem Foto Mitte links)

Für den Cocktail:	Außerdem:
5 cl Bourbon Whiskey	1/2 Orangenscheibe
8 cl Orangensaft	1 Erdbeere
2 cl Zitronensaft	1 Hibiskusblüte
3 cl Erdbeersirup	1 Trinkhalm
einige Eiswürfel	

1 ➧ Die Zutaten für den Drink mit einigen Eiswürfeln in einen Shaker geben. Das Ganze kräftig schütteln und mit den Eiswürfeln in ein Longdrinkglas abgießen.

2 ➧ Zur Dekoration die Blüte und das Obst an den Glasrand stecken. Mit einem Trinkhalm servieren.

Old Fashioned

(auf dem Foto Mitte rechts)

Für den Cocktail:	Außerdem:
2 TL Zucker	1/2 Orangenscheibe
2 Spritzer Angostura	1/2 Zitronenscheibe
5 cl Bourbon Whiskey	2 Cocktailkirschen
einige Eiswürfel	1 Stirer

1 ➧ In ein Old-fashioned-Glas einige Eiswürfel geben. Den Zucker hinzufügen und alles mit Angostura beträufeln.

2 ➧ Den Bourbon Whiskey darüber gießen. Bei Bedarf kann das Getränk mit Wasser oder Sodawasser aufgefüllt werden.

3 ➧ Zur Dekoration die Früchte ins Glas geben.

Mountain Drive

(auf dem Foto ganz unten)

Für den Cocktail:	Außerdem:
4 cl Bourbon Whiskey	1 Apfelspalte
2 cl Calvados	1 Trinkhalm
12 cl Gingerale zum Auffüllen	
einige Eiswürfel	

1 ➧ Einige Eiswürfel in ein Longdrinkglas geben und die Zutaten für den Drink hinzufügen. Mit Gingerale auffüllen.

2 ➧ Zur Dekoration die Apfelspalte an den Glasrand stecken. Mit einem Trinkhalm servieren.

Whiskey Sour

(auf dem Foto: links)

Für den Cocktail:
5 cl Bourbon Whiskey
3 cl Orangensaft
3 cl Zitronensaft
2 cl Zuckersirup
einige Eiswürfel

Außerdem:
1/2 Orangenscheibe
1/2 Zitronenscheibe
1 Cocktailkirsche
1 Trinkhalm

1 Alle Zutaten für den Sour mit einigen Eiswürfeln im Shaker kräftig schütteln und durch ein Barsieb in ein mittelgroßes Stielglas seihen.

2 Zur Dekoration das Obst an einem Sticker über das Glas legen. Mit einem Trinkhalm servieren.

Horse's Neck

(auf dem Foto: rechts)

Für den Cocktail:
5 cl Bourbon Whiskey
2 Spritzer Angostura
0,2 l Gingerale
einige Eiswürfel

Außerdem:
1 Zitronenschalenspirale
1 Trinkhalm und 1 Stirer

1 Die Zitronenspirale in das Ballonglas geben und das Ende über den Glasrand hängen lassen.

2 Eiswürfel, Angostura und den Whiskey dazugeben. Mit Gingerale auffüllen. Mit Trinkhalm und Stirer servieren.

Zubereitungszeit: ca. 20 Min.

500 g geschälte Paranüsse
1 frisches Eiweiß
2 EL Salz

1 Den Backofen auf 150 °C vorheizen. Inzwischen die Nüsse mit dem Eiweiß in einer Schüssel vermischen und mit dem Salz einreiben.

Geröstete Paranüsse

2 Die Nüsse auf ein Backblech gleichmäßig verteilen. Auf mittlerer Schiene im Ofen in 10 bis 15 Minuten goldbraun backen. Dabei die Nüsse ab und zu mit einem Pfannenwender wenden. Dann die Nüsse herausnehmen und noch warm in einer Schale servieren.

Nüsse verbrennen leicht. Deshalb sollten Sie während des Röstvorganges die Nüsse gut im Auge behalten.

Pizza mit Crabmeat

Zubereitungszeit: ca. $1\frac{1}{2}$ Std.

Für den Pizzateig:

250 g Mehl
15 g frische Hefe
100 ml lauwarmes Wasser
1 TL Salz
$\frac{1}{2}$ TL getrockneten Zitronenthymian (ersatzweise Thymian)
1 EL Maisöl

Für die Sauce:

1 EL Butter
1 EL Mehl
75 g Sahne
75 g Crème fraîche
1 Prise Zucker
Salz
Cayennepfeffer
$\frac{1}{2}$ TL Kurkuma (Gelbwurz)
1 EL 1 A-Sauce (dunkle Kräutersauce)

Außerdem:

Mehl für die Arbeitsfläche
1 Dose Krebsfleisch (Crabmeat, 120 g Abtropfgewicht)
10 Korianderblätter (ersatzweise Basilikumblätter)

1 Für den Pizzateig das Mehl in eine Schüssel geben. Die Hefe zerbröckeln und mit dem Wasser verrühren. Beides mit dem Salz, Thymian und Öl zum Mehl geben. Alles mit den Knethaken des Handrührers zu einem glatten Teig verkneten.

2 Dann mit den Händen eine Kugel formen, den Hefeteig zurück in die Schüssel legen und an einem warmen Ort 1 Stunde gehen lassen, bis er sein Volumen verdoppelt hat.

3 Dann den Teig auf bemehlter Arbeitsfläche kurz durchkneten und etwa 5 mm dick ausrollen. Mit einem runden Ausstecher (10 cm Ø) 10 Kreise ausstechen.

4 Die Teigkreise auf ein mit Backpapier ausgelegtes Backblech setzen und nochmals 10 bis 15 Minuten gehen lassen. Den Backofen auf 250 °C vorheizen.

5 In der Zwischenzeit die Sauce zubereiten. Dafür die Butter in einem Topf bei mittlerer Hitze zerlassen. Das Mehl zugeben und unter Rühren farblos anschwitzen. Sobald sich Butter und Mehl verbunden haben, den Topf vom Herd ziehen.

6 Die Sahne nach und nach unter ständigem Rühren dazu gießen und die Mehlschwitze klümpchenfrei verrühren. Dann die Sauce unter weiterem Rühren aufkochen lassen.

7 Den Topf erneut vom Herd ziehen und mit dem Schneebesen die Crème fraîche einrühren.

8 Die Sahnesauce mit Zucker, Salz, Cayennepfeffer, Kurkuma und der 1 A-Sauce abschmecken.

9 Das Krabbenfleisch in ein Sieb geben und kalt abspülen, dann zerpflücken.

10 Die Hefeteigkreise auf mittlerer Schiene im Ofen etwa 8 Minuten backen. Herausnehmen und auf jede Pizza 1 Esslöffel von der Sauce geben. Dann das Krabbenfleisch darauf verteilen. Mit den Korianderblättchen garnieren und servieren.

Californiarolls

Seetangröllchen mit Reis-Tunfisch-Füllung

Zubereitungszeit: ca. 40 Min.
(plus 30 Min. Kühlzeit)

1 große Möhre
3 EL Sesamsaat
8 Noriblätter (getrockneter Seetang; gibt's im Asienladen)
220 g Sushireis (s. Seite 244)
160 g rohes Tunfischfilet (ersatzweise rohes Lachsfilet)
1 Avocado
1 EL Wasabipulver (grüner Meerrettich)
2 EL Reiswein (Sake)

1 Die Möhre schälen, waschen und in kochendem Wasser etwa 10 Minuten garen. Herausnehmen und abkühlen lassen.

2 Die Sesamkörner in einer trockenen Pfanne bei mittlerer Hitze unter gelegentlichem Rühren goldbraun rösten. Auf einem Teller beiseite stellen.

3 Das untere Drittel der Noriblätter etwa 1 cm dick mit dem Sushireis bestreichen.

4 Den Tunfisch in 1 cm dicke Streifen schneiden. Die Avocado schälen, den Kern entfernen und die Avocadohälften längs in 1 cm dicke Spalten schneiden. Die Möhre längs achteln.

5 Den Tunfisch, die Avocado und die Möhre quer auf der Mitte des Reisbettes verteilen.

6 Das Wasabipulver mit dem Reiswein verrühren und damit den Tunfisch und das Gemüse bestreichen. Dann alles mit dem Sesam bestreuen.

7 Den Teil des Noriblattes, das nicht mit Reis bedeckt ist, dünn mit Wasser bepinseln. Anschließend die Noriblätter von unten nach oben fest aufrollen.

8 Die Californiarollen etwa 30 Minuten kalt stellen. Dann mit einem scharfen Messer in 2 cm dicke Scheiben schneiden, auf Teller setzen und servieren.

Martini Cocktail

Für den Cocktail:
4 cl Bombay (Gin)
1 cl Martini Extra Dry
einige Eiswürfel

Außerdem:
eine Olive

1 Die Zutaten mit einigen Eiswürfeln in einem Rührglas gut verrühren und durch ein Barsieb in ein vorgekühltes Cocktailglas seihen.

2 Zur Dekoration die Olive am Sticker ins Glas legen.

Manhattan

Manhattan

Für den Cocktail:
3 cl Canadian Whisky
2 cl Martini Rosso
1 Dash Angostura
einige Eiswürfel

Außerdem:
1 Cocktailkirsche

1 Die Zutaten mit einigen Eiswürfeln in einem Rührglas gut verrühren und durch ein Barsieb in ein vorgekühltes Cocktailglas seihen.

2 Zur Dekoration eine Kirsche am Sticker ins Glas geben.

Golden Gate

Golden Gate

Für den Cocktail:

3 cl Bacardi (weißer Rum)
2 cl Amaretto
4 cl Orangensaft
4 cl Ananassaft
1 cl Grenadine
einige Eiswürfel
Crushed ice

Außerdem:

½ Orangenscheibe
1 Cocktailkirsche
1 Trinkhalm und 1 Stirer

1 Die Zutaten für den Drink mit einigen Eiswürfeln im Shaker kräftig schütteln. Durch ein Barsieb in ein mit Crushed ice vorbereitetes Longdrinkglas seihen.

2 Zur Dekoration die Orangenscheibe mit der Kirsche am Sticker über den Glasrand legen. Mit Trinkhalm und Stirer servieren.

Route „66"

Für den Cocktail:
3 cl Bourbon Whiskey
2 cl Apricot Brandy
6 cl Maracujanektar
2 cl Zitronensaft
einige Eiswürfel

Außerdem:
1 Aprikosenstückchen
1 Cocktailkirsche
1 Minzeblatt
1 Trinkhalm

1 Die Zutaten für den Drink mit einigen Eiswürfeln in einen Shaker geben. Das Ganze kräftig schütteln und mit den Eiswürfeln in ein Stielglas abgießen.

2 Das Aprikosenstückchen mit der Kirsche am Sticker auf den Glasrand legen und das Minzeblatt an den Glasrand stecken. Mit einem Trinkhalm servieren.

Ohio

Ohio

(auf dem Foto)

Für den Cocktail:
2 cl Canadian Whisky
2 cl Martini Rosso
1 Dash Angostura
10 cl Sekt
einige Eiswürfel

Außerdem:
1 Cocktailkirsche

1 Die Zutaten ohne den Sekt mit einigen Eiswürfeln im Rührglas verrühren und durch ein Barsieb in eine Cocktailschale seihen. Mit kaltem Sekt auffüllen.

2 Zur Dekoration eine Cocktailkirsche am Sticker ins Glas legen.

Auberginen-Pilz-Sandwiche

Zubereitungszeit: ca. 1 Std.

3 große Auberginen
ca. 150 ml Olivenöl
Salz
schwarzer Pfeffer
5 Schalotten
1 Knoblauchzehe
1 Bund glatte Petersilie
400 g Shiitakepilze
4 frische Eier
500 g entrindetes Toastbrot
250 g geriebener Manchegokäse
etwas Mehl
Öl zum Ausbacken

1 Die Auberginen waschen, putzen und schälen. Dabei die Schale in feine Würfel schneiden und beiseite stellen.

2 Die geschälten Auberginen längs in etwa 6 mm dicke Scheiben schneiden. Aus den Scheiben 30 Quadrate (à 10 cm Kantenlänge) schneiden. Das restliche Fruchtfleisch fein würfeln.

3 In einer Pfanne portionsweise das Olivenöl erhitzen und 10 Auberginen-Quadrate von beiden Seiten braun anbraten. Herausnehmen und auf Küchenpapier abtropfen lassen.

4 Nochmals Olivenöl in der Pfanne erhitzen und die Auberginenwürfel darin braun anbraten, die Schale dazugeben und kurz mit anschwitzen. Alles mit Salz und Pfeffer würzen und in einer Schüssel beiseite stellen.

5 Die Schalotten und den Knoblauch schälen und in feine Würfel schneiden. Die Petersilie waschen, trockenschütteln und fein hacken.

6 Die Shiitakepilze vom Stiel befreien und waschen. In dünne Scheiben schneiden und im restlichen Bratfett kurz anbraten. Die Schalotten- und Knoblauchwürfel hinzufügen und mit Salz und Pfeffer würzen.

7 Die Pilze-Schalotten-Masse, die Auberginenwürfel, Eier und Petersilie untermischen.

8 Das Toastbrot fein reiben und zum Binden unter die Pilz-Eier-Masse rühren. Evtl. noch mit Salz und Pfeffer nachwürzen.

9 Die Hälfte der rohen Auberginenquadrate etwa 1 cm dick mit der Masse bestreichen. Mit der Hälfte des Manchegokäse bestreuen, die gebratenen Auberginenquadrate darauf legen, mit dem retslichen Käse bestreuen und die übrige Pilzmasse darauf streichen. Zuletzt die rohen Auberginenquadrate darauf setzen.

10 Die Auberginen-Pilz-Sandwiche mit Mehl bestäuben und in einer heißen Pfanne mit viel Öl von beiden Seiten goldgelb ausbacken. Herausnehmen, leicht salzen und halb in eine Serviette eingepackt servieren.

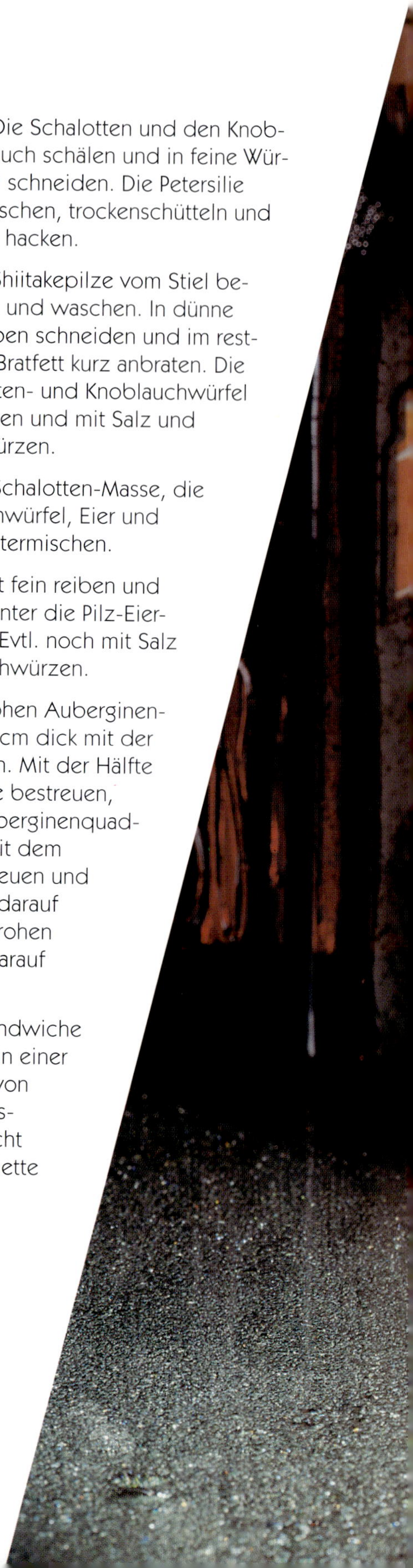

White Lady

White Lady

Für den Cocktail:
4 cl Bombay (Gin)
2 cl Cointreau
3 cl Zitronensaft

Außerdem:
1 Cocktailkirsche

1 ➧ Die Zutaten für den Cocktail mit einigen Eiswürfeln in den Shaker geben. Das Ganze kräftig schütteln und durch ein Barsieb in ein Cocktailglas seihen.

2 ➧ Zur Dekoration die Kirsche am Sticker ins Glas legen.

Sie gehören zu Großbritannien wie die Royality, der Hang zum Skurrilen und die Gurkensandwiches zum High-Tea. Vielleicht würden die Briten auf die oben genannten „Institutionen" sogar noch freiwillig verzichten – nicht aber auf ihre heiß geliebten Pubs. Sie zählen zu den wirklich unerschütterlichen Grundfesten des einstigen Empires. Doch die echte britische Trink-Tradition ist mehr als Ale, Stout und Porter. Das sind natürlich auch Whisky und Gin. Denn was wäre ein Schotte ohne seinen Scotch und ein englischer Marine-Offizier ohne seinen „Pinkers". Einfach „shocking ..."

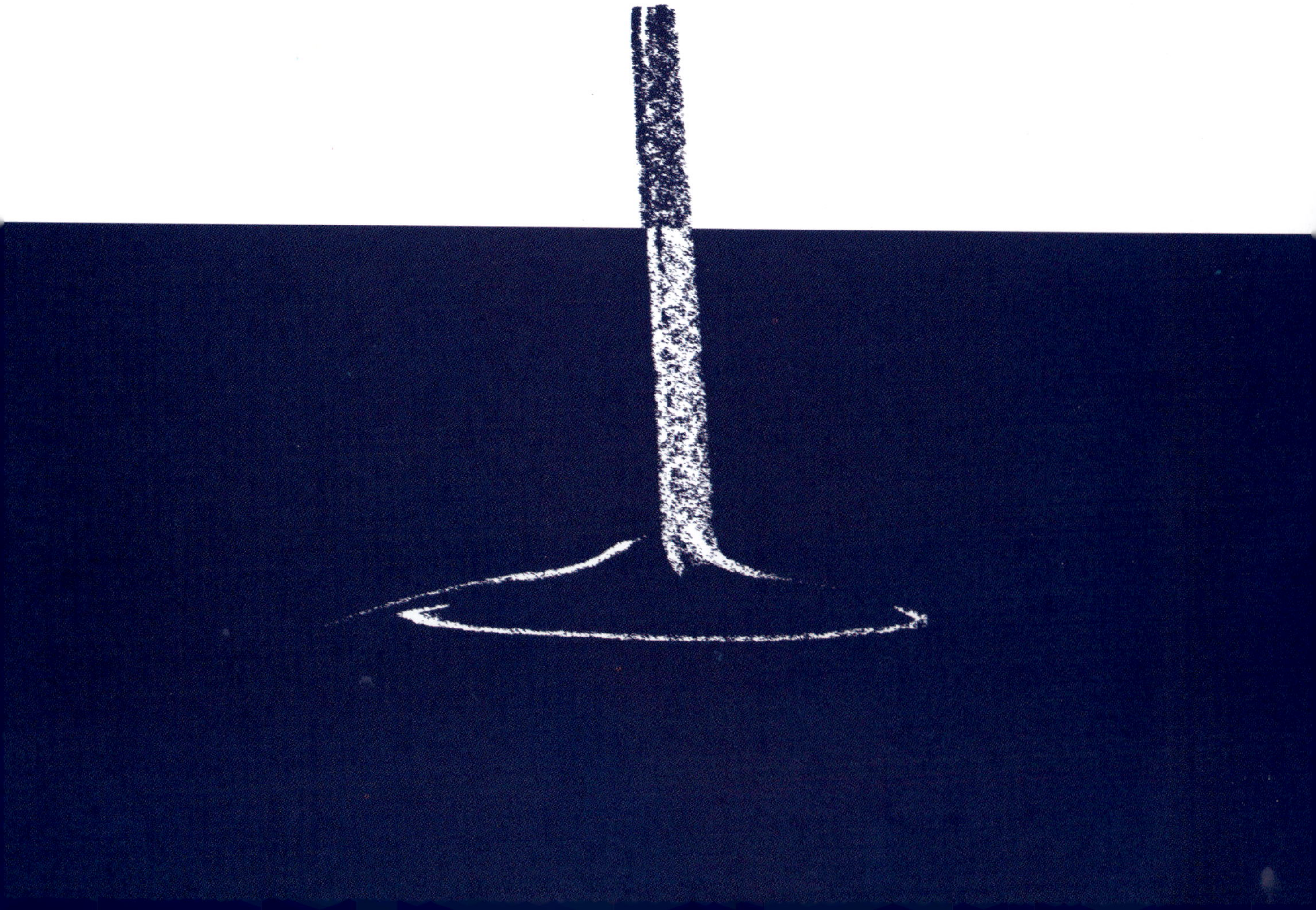

Großbritannien

Die Insel der gemütlichen Pubs

Von der römischen Taverne zum britischen Pub

Zuerst waren es römische Tavernen, dann Klosterschenken, Posthaltereien, städtische Kaffeehäuser und dann schließlich Public Houses, kurz Pubs genannt. In ihrer Jahrtausend alten Geschichte haben sich die britischen Pubs zum gemeinsamen Kulturgut entwickelt. Hier nimmt man den mittäglichen Lunch ein, hier trifft man sich zum Bier nach Feierabend, vor dem Theater oder nach dem Shopping, denn auch Frauen sind inzwischen gern gesehene Gäste. Im Pub gibt es feste Regeln. So holt man sich sein Bier an der Theke ab, eine Bedienung gibt es nicht. Man gibt kein Trinkgeld und man hält sich strikt um 23 Uhr an die „last order".

Allerdings sind die englischen obergärigen Biere für den kontinental-europäischen Biertrinker, der sich vorwiegend am untergärigen Lagerbier labt, ziemlich gewöhnungsbedürftig. Da gibt es das leicht süßliche **„Ale"** aus gemälzter Gerste, das leichte, bittersüße **„Bitter"** aus Hopfen und Malz und das dunkle, starke **„Stout"** aus geröstetem Malz, dem mitunter auch Karamel hinzugefügt wird. Aber auch Lagerbiere, nach deutschen Rezepten gebraut, werden in fast allen Pubs ausgeschenkt.

Auf den Spuren von Sherlock Holmes, Churchill und Charles II.

Auch wenn es etwas übertrieben klingt, es gibt in London bereits mehr Pubs als kleine rote Telefonzellen. Und über die Originellsten (natürlich subjektiv gesehen) soll hier kurz berichtet werden:

Den Kopf des legendären Hundes von Baskerville findet man hier ebenso wie Sherlock Holmes Pfeife, seine Lupe und seine Geige: das **„Sherlock Holmes"** in der Northumberland Avenue in St. James erinnert mehr an ein Museum als an einen Pub, besticht aber auch durch seine große Bierauswahl.

Ins 17. Jahrhundert fühlt man sich versetzt, wenn man das **„Dove"** in der Upper Mall in Hammersmith betritt: kleine Räume mit niedriger Balkendecke und einfachem Holzmobiliar sorgen für eine überaus behagliche Atmosphäre. Und es ist auch gar nicht so lange her, da bestand der Fußboden, den jetzt Holzplanken zieren, aus einem Boden aus festgestampftem Lehm – eine ausgesprochen praktische Angelegenheit: Überschwappende Pints flossen auf den mit Sägespäne ausgestreuten Boden, und dieser brauchte nach der „last order" dann nur noch ausgefegt zu werden. Schon Charles II. fand Gefallen an dem an der Themse gelegenen idyllischen Gasthaus. Er amüsierte sich hier mit seiner Geliebten Nell Gwynne. Und natürlich war auch Ernest Hemingway hier und genoss seinen Whisky in der – laut Guiness-Buch der Rekorde „kleinsten Bar der Welt", die das **„Dove"** obendrein beherbergt.

Nicht weit entfernt von der London Bridge liegt das **„George Inn"**, ein ehemaliges Rasthaus für Pferdekutschen. Hier spitzte schon Charles Dickens seine Feder, sang Judy Garland und trank Churchill selbst mitgebrachten Portwein. Heute trifft sich hier unter anderem die „Dracula Society", die ausschließlich rote Getränke bestellt.

Schmuggler und Diebe, aber auch ehrenwerte Richter und Schriftsteller wie Charles Dickens waren Stammgäste in „Devil's Tavern", dem wohl ältesten Pub Londons. Immerhin wird er seit 1565 als Schenke betrieben. Doch 1790 hatte der Wirt genug von Schlägereien und dem schlechten Ruf der Hafenpinte in der Wapping Wall. Er nannte den Pub nun „Prospect of Whitby" und das mit Erfolg.

THE SHERLOCK HOLMES
WHITBREAD
The SHERLOCK HOLM

Von Schmugglern, Clans und schottischem Whisky

Lag es nun an der guten Qualität der Gerste, an den endlosen Hochmooren, dem kristallklaren Wasser, der reinen Luft oder gar an ihrem sprichwörtlichen Geiz, dass es gerade die Schotten waren, die sich um die Kunst des Whiskybrennens so verdient gemacht haben? Wie dem auch sei – bereits im ausgehenden Mittelalter war der Whisky in Schottland so beliebt, dass fast jeder schottische Clan seinen eigenen Destillierapparat hatte – für den Eigenbedarf und als Honorar für Ärzte, Lehrer und Geistliche. Die Kunst des Schmuggelns und Schwarzbrennens blühte in den Highlands. Und als die Engländer Anfang des 16. Jahrhunderts versuchten, die Tausenden von Brennereien zu kontrollieren und Steuern zu erheben, gab es jeden nur erdenklichen Widerstand. Über 77 Jahre dauerte die Whisky-Fehde an. Schließlich lenkten die Engländer ein und gewährten günstigere Steuern. Die Brennereien arbeiteten von nun an – mehr oder minder – legal.

Der sehr charakteristische Malt-Whisky, den es bis zu dieser Zeit nur gab, hatte allerdings einen für viele Nichtschotten zu intensiven Rauchgeschmack.

Glücklicherweise wurde ein Destillationsverfahren entdeckt, mit dessen Hilfe man einen milderen Whisky herstellen konnte, den Grain-Whisky.

Malt Whisky wird ausschließlich aus gemälzter Gerste hergestellt. Dazu wird die Gerste zuerst eingeweicht, dann zum Keimen gebracht, über Torffeuer getrocknet, gemahlen, mit heißem Wasser vermengt und schließlich mit Hefe zum Gären gebracht. Der dabei entstandene Rohalkohol wird in Kupferkesseln, den „Pot Stills", zweimal destilliert und dann mit Wasser auf die erforderliche Alkoholmenge reduziert. Anschließend lagert man ihn mindestens drei Jahre in Eichenfässern.

Grain-Whisky wird aus gemälzter und ungemälzter Gerste sowie Mais und Roggen hergestellt und lagert mindestens drei Jahre in Eichenfässern. Er ist neutraler im Geschmack.

Der Bar-Boom der Zwanziger

Im Jahre 1880 wurde in London die erste American Bar Europas aufgemacht. Einen wahren Bar-Boom erlebte die Stadt jedoch erst in den Zwanzigern. Vor allem die Bar des Londoner **„Savoy Hotel“** war ein von erfahrenen Barflies umschwirrter Platz. Denn hier mixte der legendäre Barmann Harry Craddocks die damals besten Cocktails „in town“. So zum Beispiel den „Earthquake“, eine Mischung aus je einem Drittel Gin, Scotch und Absinth, nach dessen Genuss einem auch eine Naturkatastrophe mit Sicherheit nichts mehr ausmacht. Oder gar den „Thunderclaps“ aus je zwei Gläsern Brandy, Gin und Scotch. Diesen Cocktailhammer vererbte Craddocks übrigens mit folgender Empfehlung an die nachfolgende Barkeeper-Generation: „Einschenken, und dann renne um dein Leben …“

St. Andrew Spezial

(auf dem Foto unten)

Für den Cocktail:
5 cl Ballantine's
(Blended Scotch Whisky)
6 cl Ananassaft
6 cl Maracujasaft
2 cl Zitronensaft, Eiswürfel

Außerdem:
1 Karambole (Sternfrucht)
1 Cocktailkirsche
1 Minzezweig
1 Trinkhalm und 1 Stirer

1 ➤ Die Zutaten für den Drink mit einigen Eiswürfeln in den Shaker geben. Das Ganze kräftig schütteln und mit den Eiswürfeln in ein Longdrinkglas abgießen.

2 ➤ Zur Dekoration das Obst mit dem Minzezweig am Sticker an den Glasrand stecken. Mit Trinkhalm und Stirer servieren.

Hot Toddy

(auf dem Foto: oben)

Für den Grog:
5 cl J & B (Scotch Whisky)
3 cl Zitronensaft
2 cl Zuckersirup
heißes Wasser zum Auffüllen

Außerdem:
1 Zitronenscheibe
einige Nelken
1 Zimtstange

1 Alle Zutaten für das Getränk in einem Gefäß erhitzen und anschließend in ein Grogglas geben. Mit heißem Wasser auffüllen.

2 Die Zitronenscheibe mit einigen Nelken spicken und anschließend mit der Zimtstange in das Getränk geben.

Godfather

(auf dem Foto: unten)

Für den Cocktail:
4 cl J & B (Scotch Whisky)
2 cl Amaretto
einige Eiswürfel

Außerdem:
1 Stirer

1 In einen Tumbler einige Eiswürfel geben und den Whisky und den Amaretto darüber gießen. Mit einem Stirer servieren.

Sellerieschiffchen mit Stiltoncreme

Zubereitungszeit: ca. 20 Min.

5 Backpflaumen (ohne Stein)
8 EL Portwein
1 große Staude Bleichsellerie
220 g Stilton (halbfester Schnittkäse mit Innenschimmel)
180 g Schmand (saure Sahne mit 24 % Fett)
schwarzer Pfeffer
Salz
Kerbel zum Garnieren

1 Am Vortag die Backpflaumen in eine kleine Schüssel legen. 4 Esslöffel Portwein dazugießen und über Nacht darin einweichen lassen.

2 Am nächsten Tag den Bleichsellerie putzen, dafür das Wurzelende entfernen. Die Stangen waschen und die Blattspreiten auf beiden Seiten entfernen. Dann die Stangen in etwa 8 cm lange Stücke schneiden, sodass es 20 Schiffchen ergibt.

3 Den Stiltonkäse durch ein Haarsieb streichen.

4 Mit einem Schneebesen zuerst den restlichen Portwein (4 Esslöffel) unter den Käse rühren, dann den Schmand ebenso unterrühren.

5 Die Käsecreme pfeffern und enventuell je nach Schärfe des Stiltons noch etwas salzen.

6 Mit einem Spritzbeutel die Käsecreme in die Sellerieschiffchen spritzen. Die eingeweichten Backpflaumen vierteln und je ein Pflaumenviertel auf jedes „Schiffchen" setzen. Dann mit etwas Kerbel garnieren.

Chesterstangen

Zubereitungszeit: ca. 1 Std.

200 g TK-Blätterteig
140 g Chesterkäse (englischer Hartkäse, ersatzweise Parmesan)
Mehl zum Ausrollen
1 frisches Ei
1/2 TL Paprikapulver, edelsüß
1/2 TL Kümmel

1 Den Blätterteig nach Packungsanweisung auftauen lassen. Inzwischen den Käse auf der Haushaltsreibe fein reiben.

2 Die aufgetauten Blätterteigscheiben übereinander legen und auf leicht bemehlter Arbeitsfläche zu einem Rechteck (20 x 40 cm) ausrollen.

3 Das Ei verquirlen und damit den Teig bestreichen.

4 Den Chesterkäse mit dem Paprikapulver und dem Kümmel vermischen und auf dem Teig verteilen.

5 Mit dem Teigrädchen oder mit dem Messer den Blätterteig in etwa 2 cm breite Streifen schneiden und zu einer Spirale drehen.

6 Die Stangen auf ein gefettetes Backblech setzen, dabei die Enden am Blech andrücken, damit sich die Stangen beim Backen nicht aufdrehen.

7 Dann im Kühlschrank mindestens 30 Minuten durchkühlen lassen.

8 Inzwischen den Backofen auf 220 °C vorheizen. Die Chesterstangen auf mittlerer Schiene im Ofen etwa 15 Minuten backen. Herausnehmen und auskühlen lassen.

Senator

(auf dem Foto: links)

Für den Cocktail:
3 cl J & B (Scotch Whisky)
2 cl Cream Sherry
1 cl Martini Rosso
1 Dash Angostura
einige Eiswürfel

Außerdem:
1 Cocktailkirsche

1 Die Zutaten für den Cocktail mit einigen Eiswürfeln im Rührglas kalt rühren und durch ein Barsieb in ein Cocktailglas seihen.

2 Zur Dekoration die Kirsche am Sticker ins Glas geben.

Rusty Nail

Rusty Nail

(auf dem Foto: rechts)

Für den Cocktail:
2 cl J & B (Scotch Whisky)
2 cl Drambuie (Whiskylikör)
einige Eiswürfel

Außerdem:
1 Stirer

In einen Tumbler einige Eiswürfel geben und die Spirituosen darüber gießen. Mit einem Stirer servieren.

Rob Roy

Für den Cocktail:
3 cl J & B (Scotch Whisky)
2 cl Martini Rosso
1 Dash Angostura
einige Eiswürfel

Außerdem:
1 Cocktailkirsche

1 Die Zutaten für den Drink mit einigen Eiswürfeln in einem Rührglas zügig verrühren.

2 Danach den Drink durch ein Barsieb in ein Cocktailglas seihen. Die Kirsche am Sticker ins Glas geben.

Räucherlachsroulade mit Käsecreme

Zubereitungszeit: ca. 30 Min.
(plus 1 Std. Zeit zum Kühlen)

8 große Scheiben Räucherlachs (à 1/2 cm Dicke; ca. 450 g)
2 Bögen Butterbrotpapier
200 g Doppelrahm-Frischkäse
Saft von 1/2 Zitrone
Salz
Cayennepfeffer
3 hart gekochte Eier
1 kleines Bund Dill
1 walnussgroßes Stück frischen Meerrettich
1/2 Gartengurke
1 Päckchen Shio-Kresse

1 Die Räucherlachsscheiben so nebeneinander auf die beiden Papierbögen legen, dass sie leicht übereinanderlappend ein Quadrat von etwa 25 cm Kantenlänge ergeben.

2 Die Seiten jeweils mit einem Messer glatt schneiden und die Lachsabschnitte fein würfeln.

3 Den Frischkäse und den Zitronensaft mit dem Schneebesen leicht schaumig schlagen. Mit Salz und Cayennepfeffer abschmecken.

4 Die Eier pellen und hacken. Den Dill ebenso hacken. Den Meerrettich schälen und fein reiben. Alles mit den Lachswürfeln unter die Käsecreme ziehen.

5 Die Käsecreme etwa 1/2 cm dick auf die Lachsscheiben streichen. Dabei ringsherum einen Rand von etwa 1 cm frei lassen.

6 Dann alles mit Hilfe des Papiers zu einer festen Roulade aufrollen. Im Kühlschrank mindestens 1 Stunde durchkühlen lassen.

7 Inzwischen die Gurke waschen, putzen und 20 Scheiben von etwa 1/2 cm Dicke abschneiden.

8 Die Lachsroulade aus dem Kühlschrank nehmen und in 20 Scheiben schneiden. Diese auf die Gurkenscheiben setzen und mit Shiokresse garnieren.

John Collins

Für den Cocktail:
5 cl J & B (Scotch Whisky)
3 cl Zitronensaft
2 cl Zuckersirup
kaltes Mineralwasser zum Auffüllen
Eiswürfel

Außerdem:
$^1/_2$ Orangenscheibe
$^1/_2$ Zitronenscheibe
1 Cocktailkirsche
1 Trinkhalm und 1 Stirer

John Collins

1 Den Shaker zur Hälfte mit Eiswürfeln füllen. Die Zutaten ohne Mineralwasser hinzufügen und alles kräftig schütteln.

2 Den Drink durch ein Barsieb in ein mit Eiswürfeln vorbereitetes Longdrinkglas seihen und mit kaltem Mineralwasser auffüllen.

3 Die Orangen- und Zitronenscheibe ins Glas legen, die Kirsche an den Stirer stecken. Mit Trinkhalm und Stirer servieren.

Tom Collins

Tom Collins

Für den Cocktail:
5 cl Gilbey's (Gin)
3 cl Zitronensaft
2 cl Zuckersirup
kaltes Mineralwasser zum Auffüllen
Eiswürfel

Außerdem:
1/2 Orangenscheibe
1/2 Zitronenscheibe
1 Cocktailkirsche
1 Trinkhalm und 1 Stirer

1 Den Shaker zur Hälfte mit Eiswürfeln füllen. Die Zutaten ohne Mineralwasser hinzufügen und alles kräftig schütteln.

2 Den Drink durch ein Barsieb in ein mit Eiswürfeln vorbereitetes Longdrinkglas seihen und mit kaltem Mineralwasser auffüllen.

3 Die Orangen- und Zitronenscheibe ins Glas legen, die Kirsche an den Stirer stecken. Mit Trinkhalm und Stirer servieren.

Canapés

Zubereitungszeit: ca. 15 Min.

1 Kastenweißbrot
ca. 150 g Butter
1 kleiner Kopfsalat
ca. 250 g Käse (in Scheiben geschnitten, z. B. Butterkäse, Emmentaler, Edamer, Gouda, Tilsiter)
ca. 250 g Aufschnitt (in Scheiben geschnitten, z. B. Salami, Lachsschinken, gekochter Schinken, Fleischwurst)

1 Das Brot in dünne Scheiben schneiden. Die Brotscheiben ganz leicht rösten, dann entrinden und mit der Butter bestreichen.

2 Aus jeder Brotscheibe 3 bis 4 Kreise (à 3 cm Ø) – je nach Größe der Brotscheibe oder andere Formen (Dreiecke, Quadrate) – ausstechen. Das geht sehr gut mit einem Saftglas oder mit Plätzchenausstechern.

3 Den Kopfsalat putzen, dafür den Strunk entfernen und die Blätter ablösen. Die Salatblätter waschen, trockentupfen und gleich große Kreise wie das Brot (oder andere Formen) ausstechen. Die Canapés damit bedecken.

4 Den Käse und den Aufschnitt ebenso in Kreisform ausstechen und die Salatblätter damit belegen.

Gin Fizz

(auf dem Foto rechts)

Für den Cocktail:
5 cl Gin
3 cl Zitronensaft
2 cl Zuckersirup
kaltes Mineralwasser zum Auffüllen

Außerdem:
1 Trinkhalm

1 Die Zutaten ohne Mineralwasser mit einigen Eiswürfeln in den Shaker geben. Das Ganze kräftig schütteln und durch ein Barsieb in ein Champagnerglas seihen.

2 Mit kaltem Mineralwasser auffüllen. Mit einem Trinkhalm servieren.

Henry's Best

(auf dem Foto links)

Für den Cocktail:
5 cl Portwein
1 cl Zitronensaft
10 cl Sekt
einige Eiswürfel

Außerdem:
2 Weintrauben

1 Die Zutaten ohne den Sekt im Rührglas mit einigen Eiswürfeln verrühren und durch ein Barsieb in ein Champagnerglas seihen.

2 Mit kaltem Sekt auffüllen. Die Weintrauben an den Glasrand hängen.

Angels on Horseback

Austern mit Speck

Zubereitungszeit: ca. 30 Min.

20 Colchester-Austern
10 hauchdünne Scheiben Frühstücksspeck
20 Zahnstocher
2 Schälchen Gartenkresse
1–2 EL Öl
ca. 150 ml scharfer Ketschup

1 Die Austern öffnen, dafür die gewölbte Seite nach unten in die Handfläche legen und festhalten. Ein Austernbrecher oder ein kurzes, kräftiges Messer am Scharnier zwischen die Schalen schieben und diese mit einer kräftigen Drehbewegung öffnen.

2 Dann den Schließmuskel entlang der Schalenränder lösen und die obere Schalenhälfte wegwerfen. Das Austernfleisch aus der Schale lösen und trockentupfen.

3 Die Speckscheiben halbieren und jeweils ein Stück Austernfleisch mit dem Speck vorsichtig umwickeln.

4 Einen Zahnstocher durchstecken, damit sich der Speck beim Braten nicht abrollt.

5 Die unteren Schalenhälften unter fließendem Wasser abbürsten und trockentupfen. Dann die abgeschnittene Kresse in die Schalen verteilen.

6 In einer Pfanne das Öl erhitzen und die mit Speck umwickelten Austern bei mittlerer Hitze unter Wenden so lange braten, bis der Speck kross ist.

7 Dann das Austernfleisch herausnehmen und in den mit Kresse ausgelegten Schalen verteilen. Die Austern heiß mit dem Ketschup servieren.

Club Sandwich

Zubereitungszeit: ca. 15 Min.

15 Scheiben Toastbrot
3–4 EL Butter
1 Kopfsalat
8 EL Majonäse
5 Tomaten
1/4 Salatgurke (ca. 150 g)
2 Putenbrustfilets (ca. 300 g)
Salz
schwarzer Pfeffer
10 Scheiben Frühstücksspeck
10 Oliven
10 Cocktailtomaten
20 Cocktailspieße

1 Die Toastscheiben toasten, entrinden und 10 Scheiben davon mit der Butter bestreichen.

2 Den Kopfsalat putzen, waschen, gut trockenschleudern und in Streifen schneiden. Dann mit der Majonäse in einer Schüssel verrühren.

3 Die Tomaten waschen, trockenreiben und in Scheiben schneiden. Die Salatgurke putzen, schälen und ebenso in Scheiben schneiden. Auf fünf Toastscheiben die Hälfte des Salates geben, und jeweils mit der Hälfte der Tomaten- und Gurkenscheiben, der Putenbrust und den Speckscheiben belegen.

4 Den Frühstücksspeck portionsweise in einer heißen Pfanne – ohne Fett – bei mittlerer bis großer Hitze kross braten. Herausnehmen und auf Küchenpapier abtropfen lassen.

5 Die Putenbrustfilets waschen, trockentupfen, etwas salzen und pfeffern. Dann im restlichen Speckbratfett bei mittlerer Hitze pro Seite etwa 5 Minuten braten. Herausnehmen und quer in Scheiben schneiden.

6 Die restlichen mit Butter bestrichenen Toastscheiben (5 Stück) darauf setzen und den Vorgang wiederholen, bis die Zutaten verbraucht sind.

7 Mit den ungebutterten Toastscheiben abdecken und in jede Ecke des Sandwiches eine Olive oder Cocktailtomate mit einem Cocktailspieß durch alle Scheiben durchstechen.

8 Dann mit einem scharfen Messer die Brote zweimal diagonal durchschneiden, sodass vier Dreiecke pro Sandwich entstehen. Diese auf einem Teller anrichten.

Black Velvet

(auf dem Foto: links)

Für 10 Portionen

Für die Bowle:
2 Flaschen Guinness
1 Flasche trockenen Sekt

1 Das gut gekühlte Guinness in die Karaffe geben und eine Flasche kalten Sekt langsam hinzufügen. In Biergläsern servieren.

Gin Gimlet

Gin Gimlet

(auf dem Foto: rechts)

Für den Cocktail:
4 cl Gilbey's (Gin)
2 cl Lime Juice
Crushed Ice

Außerdem:
Limettenscheibe
1 Stirer

1 In die mit Crushed ice vorbereitete Cocktailschale den Gin und den Lime Juice geben.

2 Das Ganze kurz umrühren und die Limettenscheibe an den Glasrand stecken. Den Cocktail mit einem Stirer servieren.

Wohliges Strandleben unter südlicher Sonne, lebhafte Badeorte, Gitarrenklänge und Flamencotanz in lauen Sommernächten – so erleben alljährlich Millionen von Urlaubern die spanische Küste. Doch das Land hat auch ganz andere Seiten: sonnenverbrannte Steppen und karges Hochgebirge, endlose Olivenhaine, kleine weiße Dörfer und malerische Städtchen mit einer Fülle von urigen Bars. Hier trifft man sich vor allem zur „hora azul", der blauen Stunde, um bei einem Gläschen Sherry, Brandy oder Cava den Tag Revue passieren zu lassen und die Tapas zu genießen.

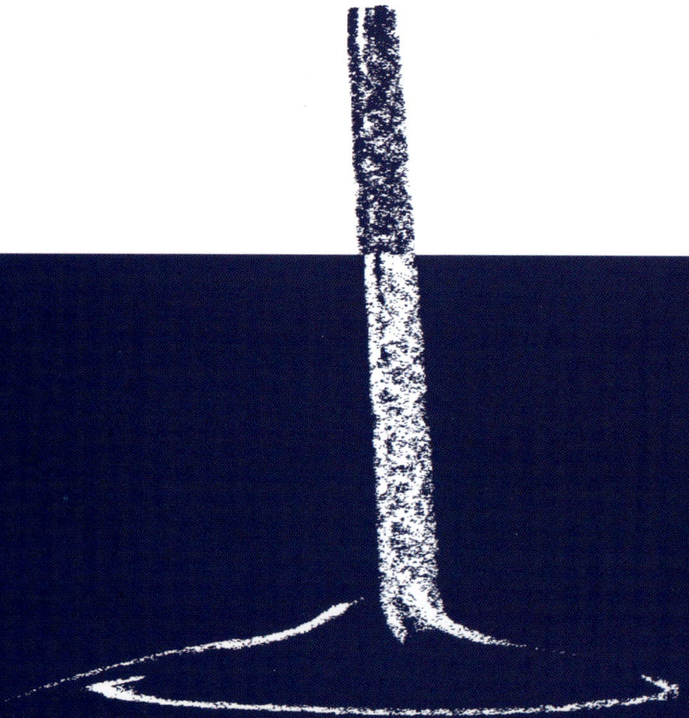

Spanien

Bodegas, Brandy und viel Temperament

Schon Shakespeare mochte Sherry

Kolumbus und Magellan nahmen Sherry-Fässer mit auf ihre Entdeckungsreisen. Sir Francis Drake machte sich, nachdem er die spanische Flotte in der Nähe von Cadiz versenkt hatte, mit 2900 Schläuchen des edlen Getränkes davon. Auch Napoleon und seine Soldaten, waren dem goldgelben Wein aus Jerez nicht abgeneigt, und der englische Dichter William Shakespeare begeisterte sich: „Wenn ich 1000 Söhne hätte, der erste menschliche Grundsatz, den ich sie lehrte, wäre, sich dem Sherry zuzuwenden und anderen Getränken abzuschwören."

Doch erst im 18. Jahrhundert machten britische Händler den Sherry zum berühmtesten Wein der Welt. Nur etwa 100 Quadratkilometer groß ist das genau abgezirkelte Gebiet, in dem der Sherry aus Trauben gekeltert wird. Eingerahmt von den Flüssen Guadalquivir und Guadalete, den Städten Jerez de la Frontera, Puerto de Sta. Maria und Sanluca de Barrameda und begrenzt durch den Atlantik liegt das so genannte Sherry-Dreieck. Hier wachsen auf sanften Hügeln die Rebstöcke des Sherry. Und vor allem der weiße Kalkboden, auch „Albariza" genannt, die glühendheiße Sommersonne, der Winterregen und die frische Prise vom Atlantik geben dem Sherry seinen unverwechselbaren Charakter. Bereits die Griechen fanden rund um die Stadt Jerez de la Frontera Weingärten vor. Sie gründeten auch die Stadt Jerez und nannten sie „Xera". Karthager, Römer, Westgoten und schließlich die Mauren prägten danach das Land. Stets änderte sich dabei der Name der Stadt Jerez. Aus Xera wurde Ceret, daraus Serit, Sherish und Xeres. Die Engländer machten schließlich aus dem harten Wort Jerez das weiche „Sherry".

Sherry wird aus hellen Trauben der Rebsorten Palomino und Pedro Ximenez gewonnen. Anfang September, zu Beginn der Weinlese, herrscht in den Weinfeldern im südlichen Andalusien Hochbetrieb. Pflücker schneiden die Trauben ab und legen sie in Körbe oder Kisten. Die Trauben werden dann auf Wagen, die zum Teil noch von Eseln gezogen werden, auf einem großen Platz ausgebreitet, der mit Espartogras ausgelegt ist. Dort reifen sie noch für ein paar Stunden, die süßen Pedro Ximenez, die dem Cream-Sherry später die milde Süße geben, sogar ein paar Tage in der prallen Sonne nach. Danach werden die Trauben gepresst und der Most in riesige Weinfässer aus der amerikanischen Weißeiche gefüllt. Diese Fässer werden dann in die Bodegas, kathedralähnliche überirdische Weinkeller gebracht, in denen der Most sofort zu gären beginnt. Die hohen luftigen Gewölbe der Bodegas schützen den Sherry in den nie ganz gefüllten und nicht ganz verschlossenen Fässern vor Sonne und Hitze, lassen ihm aber genügend Luft zum Atmen. Luftzufuhr ist

Wie aus Wein Sherry wird

wichtig, damit sich „Flor", eine Hefeschicht, auf der Oberfläche der Weine bilden kann, sodass dieser unter Sauerstoffausschluss gärt.
Doch Sherry ist eigenwillig. Liegt der Alkoholgehalt über 15 Vol.-% oder wird der Wein zu warm gelagert, bildet sich keine Florhefe. Der Wein oxydiert dann und ist damit Basis für dunkle, körperreiche Sherrysorten, die Olorosos. Sie werden deshalb durch Zugabe von Weinalkohol auf ca. 17 bis 20 Vol.-% eingestellt, während der Fino nur rund 15 Vol.-% Alkohol enthält. Beide Sherrytypen sind völlig durchgegoren und trocken. Doch durch die Zugabe von Pedro Ximenez-Wein entstehen auch süße Varianten. Um die Florhefeschicht auch während der jahrelangen Lager- und Reifezeit des Sherrys am Leben zu erhalten, erfand man das so genannte **„Solera System"**. Hierbei wird immer wieder eine kleine Menge vom ältesten Wein in Flaschen abgefüllt und durch die gleiche Menge jüngeren Wein ersetzt. Auf diese Weise wird der Alkoholgehalt konstant gehalten, der im Laufe der Jahre ansteigen und die Florhefe abtöten würde. Außerdem garantiert dieses Verfahren die stets gleichbleibende Qualität des Sherrys. So wird er von Kennern weltweit geschätzt.

Wo die Nacht zum Tage wird

Es ist fünf Uhr nachmittags in Madrid. Die „hora azul", die tägliche Stunde des Aperitifs beginnt. Rund um die Plaza de Santa Ana, zwischen Prado Museum und Puerta del Sol, füllen sich die Bars. Die Madrilenen vergessen bei einer Copa (einem trockenen weißen Rioja), einem Sherry oder einem Bier und bei Oliven und in Essig marinierten Sardinen den Alltagsstress.

In manche Bars geht man nur der großen Auswahl unterschiedlicher Tapas wegen hin, so zum Beispiel ins **„Bocaito".** Ob Serrano-Schinken, Gambas in Knoblauch oder kleine Omelettstücke – nichts ist schöner als ein Rundgang von Tapas-Bar zu Tapas- Bar.

Allein im Altstadtviertel gibt es mehr als 50 verschiedene Kneipen. Und der „rollo", der nächtliche Rummel, beginnt erst nach Mitternacht. Der Cafe solo mit einem Brandy schmeckt auf der **„teraza",** einer Freiluftbar auf der Castellana ebenso gut wie im hundertjährigen **„Cafe Gijon",** dem Treffpunkt von Schriftstellern, Schauspielern und Politikern. Wem es auf ein paar Peseten mehr oder weniger nicht ankommt, der lässt sich in den Bars der traditionsreichsten Hotels Madrids, dem **„Ritz"** und dem **„Palace",** einen Cocktail mixen. Erst nach Mitternacht lohnt sich der Besuch der **„Museo Cocote",** einer Art-déco-Bar von 1931, in der sich schon Ernest Hemingway, Ava Gardner und Orson Welles amüsierten. Nur ein paar Schritte davon entfernt, liegt das **„Le Cock",** in dem sich die Prominenz und die Schickeria der spanischen Metropole bei den besten Cocktails der Stadt trifft.

Barcelona – Paradies für Barfliegen

Barcelona, die quirlige Hauptstadt Kataloniens, ist das letzte Ziel unserer Rundreise durch die Trinkkultur Spaniens. Und es sind hier nicht nur die Kathedrale im katalanischen Stil, die Plaza Real mit ihren Arkaden und Cafés oder das Picasso-Museum, die den Reiz dieser Stadt ausmachen. Es ist vielmehr ihre weltoffene Atmosphäre, die jährlich Tausende von Touristen in ihren Bann zieht. Die Energie dieser Stadt spiegelt sich natürlich auch – oder gerade erst – in ihrem Nachtleben wieder. Wobei wir wieder einmal bei den Bars wären. Barcelonas legendärste Bar, **„Boadas",** liegt übrigens gleich am Anfang der berühmten Ramblas, der etwa 1,5 km lagen Prachtstraße vom Plaza de la Catalunya zum Hafen. Der Kubaner Miguel Boadas eröffnete hier Anfang der dreißiger Jahre eine Bar, die bis heute zu Traditionsbars wie das **„Harrys"** in Paris oder **„Floridita"** auf Kuba zählt. Die holzverkleideten Wände sind voll von Erinnerungsstücken. Und der katalanische Thrillerautor M. Vasquez Montalban lässt noch immer seinen Helden, den Detektiv Pepe Carvalho, im „Boadas" rumschnüffeln. Heute bereitet Boadas Tochter Maria Dolores die Martinis und Manhattan für die zahlreichen durstigen Gäste zu. Und trotz ihrer bereits dreiundsechzig Lenze macht sie das mit einer Bravur, die ihresgleichen sucht. Ein Martini wird bei ihr nicht gerührt, sondern Maria Dolores schüttet die Zutaten über ihrem Kopf von einem Rührglas gekonnt ins andere: ein Schauspiel, das Sie sich nicht entgehen lassen sollten.

Cava – Lieblingsgetränk der Katalanen

Im Herzen Kataloniens, rund 40 km südwestlich von Barcelona, liegt eine der besten Weinlagen Europas – das Penedes. Aus dieser hügeligen Landschaft mit ihrem milden Mittelmeerklima und den vielen Sonnenstunden im Jahr kommt eine prickelnde Spezialität Spaniens: der Cava. Nicht jeder spanische Schaumwein ist jedoch ein Cava. Für letzteren gelten sehr strenge Vorschriften. So dürfen nur Trauben aus einem gesetzlich definierten Anbaugebiet verwendet werden. Ebenso sind maximale Hektarerträge, die Verarbeitung der Trauben und das Herstellungsverfahren genau festgelegt. Die Weine werden getrennt ausgebaut, und die Cuvée entsteht erst vor der Abfüllung in Flaschen zur zweiten Gärung. Alle Cavas werden, wie auch der Champagner, nach der traditionellen Flaschengärung hergestellt.

Brandy Sour

Brandy Sour

Für den Cocktail:
5 cl spanischer Brandy
3 cl Orangensaft
3 cl Zitronensaft
2 cl Zuckersirup
einige Eiswürfel

Außerdem:
1/2 Orangenscheibe
1/2 Zitronenscheibe
1 Cocktailkirsche

1 Alle Zutaten für den Cocktail im Shaker mit einigen Eiswürfeln kräftig schütteln und durch ein Barsieb in ein mittelgroßes Stielglas seihen.

2 Zur Dekoration das Obst am Sticker über den Glasrand legen.

La Luna de Miel

Für den Cocktail:
4 cl Larios (Gin)
2 cl Lime Juice
10 cl Tonicwater
1 cl Curaçao Blue
einige Eiswürfel

Außerdem:
1 Zitronenschalenspirale
1 Erdbeere
1 kurzer Trinkhalm

1 Gin und Lime Juice mit einigen Eiswürfeln in ein Ballonglas geben und mit Tonicwater auffüllen. Den Curaçao Blue vorsichtig in das Getränk laufen lassen.

2 Zur Dekoration die Zitronenspirale in das Glas hängen und die Erdbeere an den Glasrand stecken. Mit einem kurzen Trinkhalm servieren.

Kaninchenspieße

Zubereitungszeit: ca. 30 Min.

- $1\,^1/_2$–2 kg Kaninchenrückenfilets ohne Haut und Knochen (ersatzweise Schweinefilet)
- 10 Scheiben hauchdünner Frühstücksspeck
- 15 kleine Frühlingszwiebeln
- 10 Schaschlikspieße
- 5 EL Olivenöl
- 1 Zweig Rosmarin
- 10 Baguettescheiben

1 Das Kaninchenfleisch von Häutchen und Sehnen befreien, waschen und trockentupfen. Dann in 30 mundgerechte Würfel schneiden.

2 Die Speckscheiben dritteln und damit die Kaninchenwürfel umwickeln.

3 Reichlich Wasser in einem breiten Topf zum Kochen bringen. Die Frühlingszwiebeln putzen, dafür das obere Viertel Grün und den weißen Stielansatz abschneiden. Die Frühlingszwiebeln ins kochende Wasser geben, etwa 1 Minute darin ziehen lassen, abgießen und abkühlen lassen. Dann die Zwiebeln halbieren.

4 Auf jeden Spieß abwechselnd je drei Frühlingszwiebeln und Kaninchen-Speckwürfel stecken.

5 In einer Pfanne 2 Esslöffel Olivenöl erhitzen und den Rosmarinzweig hineingeben. Die Spießchen darin auf jeder der vier Seiten bei mittlerer Hitze 2 bis 3 Minuten braten. Dann die Spieße herausnehmen und abgedeckt beiseite stellen. Den Rosmarinzweig entfernen.

6 Das restliche Olivenöl (3 Esslöffel) in der Pfanne erhitzen und die Baguettescheiben bei mittlerer Hitze von beiden Seiten kross rösten.

7 Die Baguettescheiben herausnehmen und mit den Spießen auf Tellern servieren.

Rote-Paprika-Vinaigrette

Zubereitungszeit: ca. 30 Min.

- 2 rote Paprikaschoten
- knapp $^1/_8$ l Olivenöl
- 3 EL Sherryessig
- Salz
- schwarzer Pfeffer

1 Die Paprikaschoten vierteln, Kerne und Trennwände entfernen. Dann die Schoten waschen und gut trockentupfen.

2 Den Grill des Backofens vorheizen. Die Paprikaviertel mit der Hautseite nach oben auf ein Backblech legen. Auf der mittleren Schiene unter den Grill schieben und solange anrösten, bis die Haut Blasen wirft.

3 Die Paprikaviertel herausnehmen und abkühlen lassen. Dann die Haut mit einem Messer vorsichtig abziehen.

4 Das Paprika-Fruchtfleisch in einem Mixer oder mit dem Pürierstab des Handrührers ganz fein pürieren und in eine Schüssel geben.

5 Das Olivenöl und den Essig zu dem Paprikapüree geben und alles gut verrühren. Die Vinaigrette mit Salz und Pfeffer abschmecken.

Die „Rote-Paprika-Vinaigrette" ist ein toller Dip für die „Kaninchen-spieße".

Auberginenfladen mit Manchego

Zubereitungszeit: ca. 1 Std.

Für den Teig:
250 g Mehl
$^1/_2$ TL Salz
2 EL Olivenöl
1 EL Kastanienhonig
20 g frische Hefe
$^1/_8$ l lauwarmes Wasser
Mehl zum Ausrollen

Außerdem:
1 Aubergine (ca. 500 g)
Fett fürs Blech
3 EL Kräuteröl
1 Zweig Rosmarin
1 TL grobes Salz
100 g alter Manchego
(spanischer Schafskäse)
1$^1/_2$ EL kaltgepresstes Olivenöl

1 Für den Teig das Mehl mit dem Salz, Olivenöl und Honig in einer Schüssel vermischen.

2 Die Hefe in dem Wasser auflösen und ebenso hinzufügen. Alles mit dem Knethaken des Handrührers zu einem glatten Hefeteig verkneten. Dann mit den Händen eine Kugel formen und zugedeckt an einem warmen Ort etwa 1 Stunde gehen lassen.

3 Inzwischen den Backofen auf 220°C vorheizen. Die Aubergine längs halbieren und salzen. Auf ein gefettetes Backblech legen und im vorgeheizten Ofen auf mittlerer Schiene etwa 30 Minuten backen.

4 Dann die Auberginenhälften aus dem Ofen nehmen und den Ofen für die Fladen anlassen. Mit einem Löffel das Auberginenfleisch aus der Schale holen und mit einer Gabel zerdrücken.

5 Den gegangenen Hefeteig auf bemehlter Arbeitsfläche kurz durchkneten, dann den Teig vierteln. Jedes Teigstück zu dünnen Fladen (à 20 cm Ø) ausrollen.

6 Mit dem Kräuteröl bepinseln und mit ein paar abgezupften Rosmarinzweigen und grobem Salz bestreuen.

7 Die Fladen im Ofen auf mittlerer Schiene etwa 10 Minuten braun backen. Herausnehmen und etwas abkühlen lassen. Dann mit etwas Auberginenpüree bestreichen und in kleine Tortenstückchen schneiden.

8 Mit dem Käsehobel vom Manchego dünne Scheiben abhobeln und die Fladenstückchen damit belegen. Anschließend den Käse mit etwas Olivenöl beträufeln.

Saratoga

Saratoga

(auf dem Foto rechts unten)

Für den Cocktail:
2 cl Frangelico (Kräuterlikör)
2 cl Soberano (spanischer Brandy)
1 cl Cream Sherry
3 cl Sahne
einige Eiswürfel

Außerdem:
1 Physalis
1 Hibiskusblüte

1 Die Zutaten für den Cocktail mit einigen Eiswürfeln im Shaker kräftig schütteln und durch ein Barsieb in ein Cocktailglas seihen.

2 Zur Dekoration die Physalis einschneiden und an den Glasrand stecken. Die Hibiskusblüte auf das Getränk legen.

Naranjada

Für den Cocktail:
8 cl Orangensaft
3 cl Pfirsichsaft
3 cl Ananassaft
2 cl Erdbeersirup
einige Eiswürfel
Crushed ice

Außerdem:
1 Ananasstückchen
1 Erdbeere
1 Trinkhalm und 1 Stirer

1 Die Zutaten mit einigen Eiswürfeln im Shaker kräftig schütteln. Durch ein Barsieb in ein Stielglas mit Crushed ice seihen.

2 Zur Dekoration das Ananasstückchen und die Erdbeere an den Glasrand stecken. Mit Trinkhalm und Stirer servieren.

Santa Madalena

(auf dem Foto: links)

Für den Cocktail:
- 4 cl Larios (Gin)
- 1 cl Zitronensaft
- 1 cl Cream Sherry
- 10 cl Orangenlimonade
- einige Eiswürfel

Außerdem:
- 1 Orangenscheibe
- 1 Erdbeere
- 1 Minzezweig
- 1 Trinkhalm und 1 Stirer

1 Die Zutaten für den Drink ohne die Limonade mit einigen Eiswürfeln im Shaker kräftig schütteln. Durch ein Barsieb in ein Longdrinkglas mit einigen Eiswürfeln seihen. Mit der Orangenlimonade auffüllen.

2 Zur Dekoration das Obst mit dem Minzezweig an den Glasrand stecken. Mit Trinkhalm und Stirer servieren.

Diablo

Für den Cocktail:
- 2 cl Lepanto (spanischer Brandy)
- 3 cl Cream Sherry
- einige Eiswürfel

Außerdem:
- 1 Stirer

Einige Eiswürfel in einen Tumbler geben und die Zutaten für den Drink hinzufügen. Mit einem Stirer servieren.

Olé!

Olé!

(auf dem Foto: rechts)

Für den Cocktail:
- 2 cl Frangelico (Kräuterlikör)
- 3 cl Lepanto (spanischer Brandy)
- 6 cl Orangensaft
- 4 cl Pfirsischsaft
- 2 cl Grenadine
- einige Eiswürfel

Außerdem:
- 1 Honigmelonenstückchen
- 1 Erdbeere
- 1 Limettenscheibe
- 1 Trinkhalm und 1 Stirer

1 Die Zutaten für den Drink mit einigen Eiswürfeln im Shaker kräftig schütteln. Mit den Eiswürfeln in ein Longdrinkglas geben.

2 Die Melone mit der Erdbeere am Sticker und die Limettenscheibe an den Glasrand stecken. Mit Trinkhalm und Stirer servieren.

Carajillo

(auf dem Foto: links)

Für den Drink:
1 Espresso
2 cl Spanischer Brandy

1 ➧ Einen starken Espresso kochen.

2 ➧ Den Brandy in ein kleines Glas füllen. Beides getrennt servieren.

3 ➧ Erst kurz vor dem Genuss den Brandy in den Espresso gießen.

Flamenco

(auf dem Foto: Mitte)

Für den Cocktail:
2 cl Tio Pepe (Sherry)
1 cl Lime Juice
1 cl Brandy
10 cl Cava (spanischer Sekt)
einige Eiswürfel

Außerdem:
1 Orangenschale (Zeste)
1 Cocktailkirsche

1 ➧ Die Zutaten ohne den Sekt im Rührglas mit einigen Eiswürfeln kalt rühren und durch ein Barsieb in ein Sektglas seihen. Mit gekühltem Sekt auffüllen.

2 ➧ Mit der Orangenschale den Cocktail abspritzen. Die Kirsche am Sticker und die Schale ins Glas geben.

Cava de Dios

(auf dem Foto: rechts)

Für den Cocktail:
3 cl Tequila
3 cl Sangria
10 cl Cava (spanischer Sekt)
einige Eiswürfel

Außerdem:
1 Erdbeere

1 ➤ Die Zutaten für den Cocktail ohne den Sekt im Rührglas mit einigen Eiswürfeln kalt rühren. Durch ein Barsieb in ein Sektglas seihen.

2 ➤ Mit gut gekühltem Sekt auffüllen. Zur Dekoration die Erdbeere an den Glasrand stecken.

Tortilla española

Kartoffelomelett

Zubereitungszeit: ca. 45 Min.

500 g Kartoffeln
250 g Zwiebeln
6 EL Olivenöl
Salz
4 EL Wasser
5 frische Eier
schwarzer Pfeffer

1 ➤ Die Kartoffeln schälen, waschen, trockentupfen und dann in hauchdünne Scheiben schneiden – am besten geht das mit einem Gemüsehobel.

2 ➤ Die Zwiebeln schälen, halbieren und dann in feine Scheiben schneiden.

3 ➤ In einer großen Pfanne 5 Esslöffel Olivenöl erhitzen, die Kartoffelscheiben zugeben und leicht salzen. Unter häufigem Wenden bei kleiner Hitze etwa 15 Minuten hellgelb anbraten. Anschließend die Zwiebelscheiben zugeben und nochmals 5 Minuten mit braten lassen.

4 ➤ Dann das Wasser zugießen und die Pfanne mit einem Deckel verschließen. Kartoffeln sowie Zwiebeln noch weitere 5 Minuten dünsten, ohne dass die Kartoffeln Farbe annehmen.

5 ➤ Die Eier mit etwas Salz und Pfeffer verquirlen und über die Kartoffeln geben.

6 ➤ Zugedeckt das Kartoffelomelett bei kleiner bis mittlerer Hitze etwa 8 Minuten stocken lassen. Danach die Tortilla auf den Pfannendeckel oder einen großen Teller umdrehen. Das restliche Öl (etwa 1 Esslöffel) in der Pfanne erhitzen und die Tortilla wieder in die Pfanne gleiten lassen. Nun die Unterseite ebenfalls stocken lassen.

7 ➤ Die Tortilla auf eine Platte gleiten lassen, mit einem Messer in Stücke schneiden und warm oder auch kalt servieren.

Marinierte Bohnen

ubereitungszeit: ca. $1^1/_4$ Std.
lus 24 Std. Einweichzeit)

0 g getrocknete weiße
ohnenkerne
50 ml Wasser
0 g geräucherter Speck (am
ück)
Lorbeerblatt
alz
Dose rote Kidneybohnen
450 g Einwaage)
rote Zwiebel
Bund Petersilie
Stiele Oregano
TL Dijonsenf
EL Sherryessig
EL Olivenöl
Knoblauchzehe
TL Zucker
chwarzer Pfeffer

1 ➧ Am Vortag die weißen Bohnen in einem Sieb waschen und gut abtropfen lassen. Die Bohnen in einer Schüssel mit dem Wasser bedecken und über Nacht einweichen.

2 ➧ Am nächsten Tag alle auf der Wasseroberfläche schwimmenden Bohnen entfernen. Die restlichen Bohnen mit dem Einweichwasser in einen Topf geben.

3 ➧ Den Speck, das Lorbeerblatt und 1 Esslöffel Salz zugeben und alles bei großer Hitze zum Kochen bringen. Dann etwa 1 Stunde zugedeckt bei mittlerer Hitze garen. Dabei ab und zu umrühren.

4 ➧ Dann alles in einem Sieb abschütten und abtropfen lassen. Den Speck herausnehmen und in kleine Würfel schneiden. Das Lorbeerblatt entfernen. Die gegarten Bohnen in eine Schüssel geben.

5 ➧ Die Kidneybohnen in einem Sieb unter kaltem Wasser gut abspülen, ebenfalls abtropfen lassen und zu den weißen Bohnen geben.

6 ➧ Die Zwiebel schälen und in feine Würfel schneiden. Die Petersilie und den Oregano waschen, trockentupfen und die abgezupften Blätter fein hacken.

7 ➧ In einer Schüssel den Senf mit Essig und Öl verrühren. Den Knoblauch schälen und durch die Presse dazu drücken. Den Speck mit den Kräutern und Zwiebel ebenso hinzugeben.

8 ➧ Dann die Marinade mit Salz, Zucker und Pfeffer würzen. Alles zu den Bohnen geben und gut durchmischen. Etwa 1 Stunde durchziehen lassen und nochmals mit den Gewürzen abschmecken.

Beim Frittieren von Fisch nimmt das Öl fast immer Fischgeruch an. Dieses Öl verwenden Sie besser nicht mehr.

Gebackene Fische

Zubereitungszeit: ca. 20 Min.

600 g kleine küchenfertige Fische (z. B. Sardellen, kleine Tintenfischchen oder Weißfischchen)
ca. 100 g Mehl
ca. 1 l Öl zum Frittieren (z. B. Oliven-, Erdnussöl)
Salz
3½ Zitronen
200 g Majonäse
1 Knoblauchzehe
Cayennepfeffer

1 Die vom Fischhändler ausgenommenen Fische innen und außen kalt abspülen und gut trockentupfen.

2 Dann das Mehl auf einen flachen Teller geben. Portionsweise die Fische im Mehl wenden, sodass sie vollständig bedeckt sind.

3 In einem Topf oder in der Fritteuse das Öl auf etwa 180 °C erhitzen und die panierten Fische portionsweise in etwa 2 Minuten goldbraun darin ausbacken.

4 Die Fische herausnehmen, auf Küchenpapier abtropfen lassen und leicht salzen.

5 Die gebackenen Fische auf eine Platte geben, Zitronen in Spalten schneiden und dazu legen.

6 Die restliche Zitrone (½) auspressen. Den Zitronensaft mit der Majonäse verrühren. Den Knoblauch schälen und durch die Presse dazudrücken. Zum Schluss den Dip mit Cayennepfeffer abschmecken und zu den gebackenen Fischen servieren.

Sangria

Für 10 Portionen

Für die Bowle:
3 Pfirsische
3 Orangen
2 Zitronen
8 cl Cointreau
8 cl Soberano (spanischer Brandy)
8 cl Portwein
3 Flaschen spanischer Rotwein

Außerdem:
1 Zitronenschalenspirale
1 Orangenschalenspirale

1 In eine Karaffe die enthäuteten und in kleine Stücke geschnittenen Pfirsiche geben.

2 Jeweils eine Orange und eine Zitrone spiralförmig, den Rest normal schälen und das Fruchtfleisch in kleinen Stückchen in die Karaffe geben.

3 Cointreau, Brandy und Portwein hinzufügen. Die Karaffe für einige Stunden kühl stellen und danach mit kaltem Rotwein auffüllen.

4 Die Zitronenschalen- und Orangenschalenspirale in die Karaffe hängen.

Kein Wunder, dass die Franzosen Weltmeister im „savoir-vivre“, der Kunst zu leben, sind. Denn die Spezialitäten, die Frankreichs Küchen und auch die Keller zu bieten haben, lassen alle Feinschmeckerherzen höher schlagen. Die Champagne liefert das edelste und prickelnste Getränk der Welt, aus der Charente kommt der echte Cognac, die Gascogne ist die Heimat des Armagnac und die Normandie liefert den besten Calvados. Und dann ist da auch noch Paris mit all den Straßencafés und den legendären Bars, in denen sich „Barfliegen“ aus aller Welt ein Stelldichein geben.

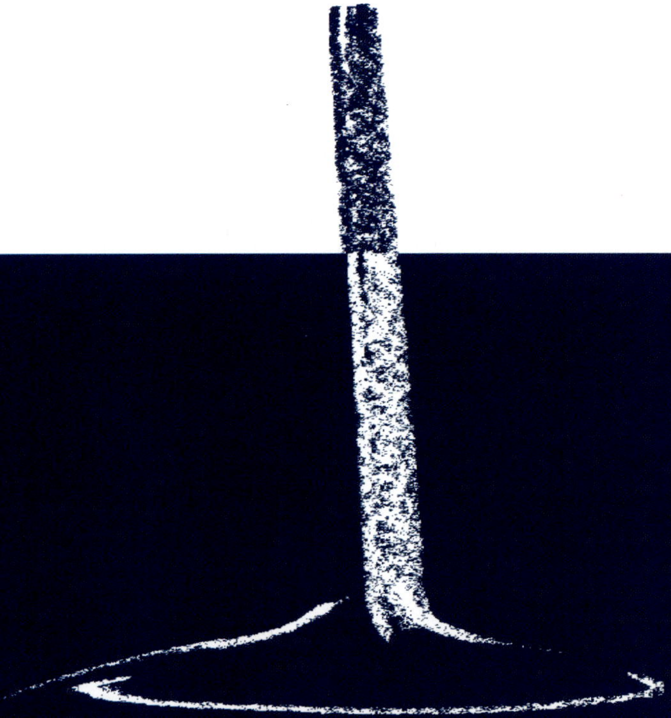

Spritziges zu Baguette und Käse

Frankreich

Sie ist die Stadt der Modemacher, Künstler und Weltenbummler, die pulsierende Metropole Frankreichs. Paris ist aber auch der Sitz des Hauptquartiers der „Internationalen Barfliegen" und die Heimat der legendärsten Bar der Welt: **„Harry's New York Bar".** Hier fühlten sich schon Billy Wilder, und Jean-Paul Sartre, Jean Moreau und Marlene Dietrich wohl. Hier komponierte George Gershwin „Ein Amerikaner in Paris" und Ernest Hemingway nannte die einfache, verräucherte Bar in der „sank roo doe noo" (die originelle englische Übersetzung von rue Daonou) die gemütlichste Kneipe der Welt. Und auch heute noch gibt sich hier die Prominenz die Türklinke in die Hand.

Die Geschichte der legendären Bar begann im Jahre 1911, als zwei Amerikaner in Paris ein Lokal namens **„New York Bar"** eröffneten. Als Barkeeper engagierten sie den damals weltbesten „Tender", den Schotten Harry McElhone. Dieser kaufte zwölf Jahre später die Bar und nannte sie von nun an **„Harry's New York Bar".** Mit dem Beginn der Wilden Zwanziger jagte nun ein „Highlight" das andere. 1924 gründete Harry die geheime Bruderschaft der „Internationalen Barfliegen", auch I.B.F. genannt, die sich mit den Höhen und Tiefen eines seriösen Trinkers beschäftigt. Harrys Bar wurde „Trap Nr. 1", also das Hauptquartier. Heute gibt es über 120 Traps in aller Welt und über 90000 Mitglieder. Ein Jahr später, also 1925, wurde der erste Hot Dog Frankreichs in Harry's Bar über den Tresen gereicht und dazwischen und danach kreierten Harry oder seine Crew eine Fülle weltberühmter Cocktails; so die „Bloody Mary", den „Sidecar Cocktail" und die „White Lady". Die Bar wird heute nach alter Tradition von Sohn Andrew und Enkel Duncan McElhone weitergeführt.

Paris – Hauptquartier der Barfliegen

Geh'n wir mal ins Ritz ...

Die Seine-Metropole ist aber auch noch für eine andere Barlegende bekannt, nämlich der Bar des noblen **„Ritz-Hotels"**, die vor allem in den Wilden Zwanziger-Jahren die „Trink-Institution" Frankreichs war. Hier, am Place Vendome, traf sich „tout monde", um bei einem Ritz-Cocktail, einem Highball, Zoom oder gar einem einfachen Scotch über Börsennachrichten, Pferderennen, Kunst und Theater zu plaudern. Die Dolly Sisters und Josephine Baker gehörten ebenso zu den Stammgästen wie der Prince of Wales und Ernest Hemingway. Der Glanz der Zwanziger ist erloschen, der ohnehin unscheinbare Glanz der Ritzbar noch nicht ganz.

Champagner – prickelnder Edelschluck

Die Landschaft ist nicht gerade spektakulär. Ein paar alte Schlösser und einige Klöster, ansonsten ländliche Dörfer mit stolzen romanischen oder gotischen Kirchen, die inmitten von unzähligen Weinbergen liegen. Doch von hier, aus dem Nordosten Frankreichs und etwa 150 Kilometer von Paris entfernt, stammt das edelste Getränk der Welt, der Champagner. Per Gesetz ist das Weinbaugebiet der Champagne auf rund 34000 Hektar begrenzt. Nur aus Trauben, die hier wachsen, darf Champagner hergestellt werden. Die Geschichte des edlen Schaumweines, der den russischen Zaren ebenso mundete wie Ludwig XVI., Napoleon, Bismarck oder Winston Churchill, beginnt im frühen 18. Jahrhundert. Zwar wurde in der Champagne schon vor 2000 Jahren Wein angebaut, doch war dieser eher von mittelmäßiger Qualität. Und auch die Schaumweine, die später daraus gemacht wurden, hatten mit dem Champagner, so wie wir ihn kennen, nichts zu tun. Erst Dom Pierre Perignon, Kellermeister und Prokurator der Abtei von Hautvillers, gelang es Ende des 17. Jahrhunderts, die Gärungsprozesse des Schaumweines unter Kontrolle zu bringen und einen klaren Wein mit anhaltendem Schaum zu gewinnen. Fast genauso mühsam wie damals ist auch heute noch die Champagner-Herstellung. Nur sorgsam ausgesuchte und völlig unbeschädigte blaue und weiße Trauben der Sorten Pinot noir, Pinot Meunier und Chardonnay kommen in

die Kelter. Dort werden die Trauben schnell und sehr behutsam gepresst. Aus 150 Kilogramm Trauben dürfen nur 100 Liter Most gepresst werden. Der Most geht dann in Kellereien zur ersten Gärung, die entweder in den traditionellen Holzfässern oder in modernen Stahltanks erfolgt. Nach mehreren Monaten – inzwischen wird der Mostwein mehrmals umgefüllt – werden dann 10, 20 oder gar 30 verschiedene ausgesuchte Weine vermischt. So entsteht die für jeden Champagner spezifische Cuvée. Durch den Zusatz einer so genannten Fülldosage, bestehend aus Hefe und Rohrzucker, die in altem Wein gelöst sind, wird eine zweite Gärung ausgelöst, die nun allerdings in der Flasche erfolgt. Bei einer gleichmäßigen Temperatur von 10 Grad Celsius lagern die Flaschen mindestens ein Jahr, meistens jedoch drei bis fünf Jahre. Jahrgangschampagner muss mindestens drei Jahre ruhen. Bei der zweiten Gärung setzt sich Hefe ab. Die Flaschen werden deshalb über mehrere Monate gerüttelt, sodass die Hefe in den Flaschenhals gelangt und dann vom „degorgeur" (Abschläger) entfernt werden kann.

Calvados und Cognac – Philosophie und Genuss in einem

Und noch ein dritter großer „Franzose", soll hier nicht unerwähnt bleiben: der Calvados. Schon zu Zeiten Caesars wunderten sich die Römer über den Apfelreichtum, als sie Gallien eroberten. Sie konnten aber mit den holzigen, sauren Äpfeln nichts anfangen. Im 16. Jahrhundert erkannten jedoch normannische Bauern, dass man daraus Apfelsaft, Apfelwein (Cidre) und schließlich Apfelbranntwein machen konnte. Letzteres nannten sie schlicht Eau de vie de Cidre. Seinen jetzigen Namen verdankt der bernsteinfarbene Apfelbranntwein übrigens indirekt dem spanischen König Philipp II., der im 16. Jahrhundert zur Schlacht gegen England segelte. Eines seiner Kriegsschiffe, die „El Calvador", zerschellte an einem Felsen der normannischen Küste. Im Laufe der Zeit erhielt der ganze Küstenstrich diesen Namen und der Apfelschnaps, der hier gebrannt wurde, gleich mit. Die Franzosen trinken ihren „Calva" vor allem als Digestif, aber auch sehr gern zwischen den Gängen in der Mitte eines ausgedehnten Menüs, als „trou normand", das normannische Loch. Denn ein oder auch zwei Gläschen des Apfelbranntweins fördern die Verdauung und schaffen Platz für den nächsten Gang.

Eau de vie, Wasser des Lebens, war im 15. Jahrhundert die schlichte Bezeichnung, als Cognac noch als universelles Hausmittel nur von Apothekern verkauft werden durfte. Und es dauerte noch über 200 Jahre, bis es den Weinbauern der Charente – Region im Südwesten Frankreichs – gelang, Cognac so zu brennen, wie es heute noch geschieht. Die aus speziellen weißen Trauben gewonnenen Weine werden dann nach alter Tradition mindestens zweimal gebrannt und anschließend mindestens zwei Jahre in Fässern aus Eichenholz der nahe gelegenen Wälder gelagert. Dabei erhält der Cognac Farbe und Aroma. Danach bekommt er seinen letzten Schliff: die Vermählung von Destillaten verschiedener Jahrgänge und Lagen. Für Qualität und Reife bürgen gesetzlich kontrollierte Angaben auf dem Etikett. So bedeuten drei Sterne oder V.S., dass der Cognac mindestens zwei Jahre im Fass gereift ist – V.S.O.P., Vieux, V.O. und Réserve bezeichnen mindestens vier Jahre gereifte, V.V.S.O.P und Grande réserve mindestens fünf Jahre lang gereifte Cognacs. Ein Extra, Napoleon, X.O, Très Vieux und Vielle Réserve lagert sechs bis zehn Jahre. Ganz edle Tropfen reifen sogar 40 bis 50 Jahre im Fass.

Impressionnistes
GALERIE d'ART
CALVADOS
Vieux Calvados du Pays d'Auge
SPÉCIALITÉ
CALVADOS
POMMEAU
CIDRE

Pernod Rosé

Für den Cocktail:
4 cl Pernod
1,5 cl Grenadine
Mineralwasser zum Auffüllen
einige Eiswürfel

Außerdem:
1 Physalis
1 Trinkhalm

1 Den Pernod mit einigen Eiswürfeln ins Longdrinkglas geben und mit Mineralwasser auffüllen. Die Grenadine vorsichtig hinzufügen.

2 Zur Dekoration die Physalis einschneiden und an den Glasrand stecken. Mit einem Trinkhalm servieren.

Kir Royal

Kir Royal

Für den Cocktail:
1 cl Crème de Cassis
10 cl Champagner

Den Cassis in ein Champagnerglas geben und mit kaltem Champagner auffüllen.

Zubereitungszeit: ca. 15 Min.

20 getrocknete Pflaumen
20 hauchdünne Scheiben Frühstücksspeck
20 Zahnstocher
4 mittelgroße Kartoffeln
3 EL Butterschmalz
Salz

Speckpflaumen auf gebackener Kartoffel

1 Die Pflaumen 1 bis 2 Stunden in lauwarmem Wasser einweichen.

2 Dann die Pflaumen abtropfen lassen, mit einem Messer längs aufschlitzen und dann die Steine entfernen.

3 Jeweils eine Pflaume mit einer Scheibe Frühstücksspeck umwickeln und mit Zahnstochern feststecken.

4 Die Kartoffeln schälen und dann waschen. Jede Kartoffel in 5 Scheiben à 8 mm Dicke schneiden. Dann mit einem Ausstecher aus jeder Kartoffelscheibe einen Kreis (à 3 cm Ø) ausstechen.

5 Das Butterschmalz portionsweise in einer Pfanne erhitzen und darin die Kartoffelkreise von beiden Seiten bei mittlerer Hitze goldbraun ausbacken.

6 Die gebackenen Kartoffeln herausnehmen, auf Küchenpapier abtropfen lassen und etwas salzen.

7 Dann die Speckpflaumen in die Pfanne geben und im restlichen Bratfett von allen Seiten kross braten. Die Pflaumen herausnehmen, auf die Kartoffeln stecken und heiß servieren.

French „75"

(auf dem Foto unten links)

Für den Cocktail:
1 cl Zuckersirup
2 cl Zitronensaft
3 cl Gilbey's (Gin)
10 cl Champagner

1 ➧ Zuckersirup, Zitronensaft und Gin in einem Rührglas vermischen.

2 ➧ Das Ganze in ein großes Champagnerglas seihen. Mit kaltem Champagner auffüllen.

Brandy Alexander

(auf dem Foto unten rechts)

Für den Cocktail:
2 cl Cognac
2 cl Crème de Cacao braun
4 cl Sahne
einige Eiswürfel

Außerdem:
etwas Muskatnuss

1 ➧ Die Zutaten mit einigen Eiswürfeln in den Shaker geben. Das Ganze kräftig schütteln und durch ein Barsieb in eine Cocktailschale seihen.

2 ➧ Den Cocktail mit etwas geriebener Muskatnuss bestreuen.

Champagner-Cocktail

(auf dem Foto: oben)

Für den Cocktail:
- 1 Stück Würfelzucker
- 2–3 Tropfen Angostura
- 1 cl Cointreau
- 1 cl Cognac
- 10 cl Champagner

Außerdem:
- 1 Stück Orangenschale

1 Den Würfelzucker in ein Champagnerglas geben und mit Angostura tränken. Danach Cointreau und Cognac in das Glas geben und mit kaltem Champagner auffüllen.

2 Das Getränk mit der Orangenschale abspritzen und sie anschließend ins Glas geben.

Tango

(auf dem Foto: Mitte)

Für den Cocktail:
- 2 cl Pêcher Mignon (Pfirsichlikör)
- 2 cl Williamsbirne
- 1 cl Vermouth Dry
- einige Eiswürfel

Außerdem:
- 1 Zwergbirne

1 Die Zutaten für den Drink in einem Rührglas mit einigen Eiswürfeln verrühren. Danach alles durch ein Barsieb in ein Cocktailglas seihen.

2 Zur Dekoration die Zwergbirne in das Glas legen.

B & B

(auf dem Foto: unten)

Für den Cocktail:
- 2 cl Bénédictine D.O.M. (Kräuterlikör)
- 2 cl Cognac
- einige Eiswürfel

1 Die Zutaten für den Drink mit einigen Eiswürfeln im Rührglas gut vermischen.

2 Das Ganze durch ein Barsieb in ein Cocktailglas seihen. Oder: Das Ganze in einen Tumbler mit einigen Eiswürfeln und einem Stirer servieren.

Zubereitungszeit: ca. 1½ Std.
(plus 2 Std. Kühlzeit)

Entenlebermousse in Portweingelee

- 400 g ausgelöstes Entenfleisch (aus der Keule)
- 20 g frischer Speck
- Salz, schwarzer Pfeffer
- 30 g Möhrenwürfel
- 20 g Bleichselleriewürfel
- 2 gewürfelte Schalotten
- 1 Zweig Thymian
- 3 Wacholderbeeren
- 1 Lorbeerblatt
- 4 EL Cognac
- 200 ml Geflügelfond (aus dem Glas)
- 100 g Entenleber
- 1 EL Olivenöl
- 5 Blatt weiße Gelatine
- 200 g Sahne
- 100 ml roter Portwein

Für das Gelee:

- 3 Blatt rote Gelatine
- 125 ml roter Portwein

Außerdem:

- 30 Papier-Backförmchen (à 5 cm Ø)
- Kerbel zum Garnieren

1 Das Entenfleisch waschen, trockentupfen und in Würfel schneiden. Den Speck würfeln.

2 In einem Topf den Speck auslassen, das Entenfleisch mit Salz und Pfeffer würzen und darin anbraten.

3 Die Gemüsewürfel sowie Thymian, Wacholderbeeren und Lorbeerblatt zugeben, kurz mitbraten und alles mit dem Cognac ablöschen.

4 Dann den Fond zugießen und das Fleisch bei kleiner Hitze zugedeckt in 45 bis 60 Minuten weich schmoren. Eventuell noch etwas Wasser angießen.

5 Inzwischen die Entenleber waschen, von Häutchen und Sehnen befreien. Das Olivenöl in einer Pfanne erhitzen. Die Entenleber darin anbraten. Mit Salz und Pfeffer würzen, beiseite stellen.

6 Wenn das Entenfleisch gar ist, den Thymian mit Wacholderbeeren und Lorbeerblatt aus der Sauce fischen.

7 Dann das Fleisch mit der Sauce und der Leber fein pürieren. Anschließend das Entenpüree durch ein Haarsieb streichen und in eine Schüssel geben.

8 Die Gelatine in reichlich kaltem Wasser einweichen. Die Sahne halbsteif schlagen und kalt stellen.

9 Den Portwein in einem Topf aufkochen lassen. Vom Herd nehmen und die ausgedrückte Gelatine unter Rühren darin auflösen. Dann 2 bis 3 Esslöffel vom Entenpüree unterrühren und am Schluss die Portwein-Entenmasse unter das restliche Entenpüree rühren.

10 Die Schüssel mit dem Entenpüree in kaltes Wasser stellen und abkühlen lassen. Bevor die Masse ganz fest wird die geschlagene Sahne vorsichtig unterheben und die Entenmousse mit Salz und Pfeffer abschmecken.

11 Eine rechteckige Form (20 x 30 cm) mit Klarsichtfolie auslegen, das Entenmousse einfüllen und glattstreichen. Zum Festwerden etwa 2 Stunden in den Kühlschrank stellen.

12 Für das Gelee die Gelatine in reichlich kaltem Wasser einweichen. Den Portwein erwärmen, die Gelatine gut ausdrücken und in dem Portwein auflösen.

13 Das Gelee abkühlen lassen und kurz vor dem Gelieren einen „Spiegel" auf das Entenmousse gießen. Etwa 1 Stunde kalt stellen.

14 Die Entenmousse mithilfe der Folie aus der Form nehmen. Mit einem heißen Messer in 4 x 4 cm große Würfel schneiden und in die Papierförmchen setzen. Mit Kerbel garnieren, bis zum Servieren kalt stellen.

Metropolitan

(auf dem Foto Mitte)

Für den Cocktail:
2 cl Cointreau
2 cl Cognac
3 cl Orangensaft
10 cl Champagner
einige Eiswürfel

Außerdem:
1 Limettenscheibe
1 Cocktailkirsche
1 Minzezweig

1 Cointreau, Cognac und Orangensaft mit einigen Eiswürfeln in den Shaker geben. Das Ganze kräftig schütteln und in ein Cocktailglas seihen. Mit kaltem Champagner auffüllen.

2 Zur Dekoration die Limettenscheibe mit der Kirsche und dem Minzezweig am Sticker auf den Glasrand legen.

Metropolitan

Pomme Champagner

Für den Cocktail:
2 cl Calvados
1 cl Cointreau
1 cl Erdbeersirup
10 cl Champagner

Außerdem:
1 Zwergapfel

1 Den Calvados und den Cointreau mit einigen Eiswürfeln in den Shaker geben. Das Ganze kräftig schütteln und in ein Champagnerglas seihen. Mit kaltem Champagner auffüllen.

2 Zur Dekoration den Zwergapfel an den Glasrand stecken.

Side Car

(auf dem Foto rechts)

Für den Cocktail:
2 cl Cognac
2 cl Cointreau
3 cl Zitronensaft
1 cl Zuckersirup
einige Eiswürfel

Außerdem:
1 Cocktailkirsche

1 Die Zutaten mit einigen Eiswürfeln im Shaker kräftig schütteln und in ein Cocktailglas seihen.

2 Zur Dekoration die Kirsche am Sticker ins Glas legen.

Wenn Ihnen der Teig zu weich erscheint, kneten Sie noch etwas Mehl unter.

Zubereitungszeit: ca. 20 Min. (plus 1 Std. Kühlzeit und 45 Min. Backzeit)

Für den Teig:

200 g Mehl
80 g Butter (Zimmertemperatur)
80 ml kaltes Wasser
1/2 TL Salz

Für den Belag:

30 g Butter
30 g Mehl
200 ml Milch
200 g Sahne
2 frische Eier
Salz, Pfeffer, geriebene Muskatnuss
1 Stange Lauch
200 g Frühstücksspeck (in Scheiben)
250 g Greyerzer (Gruyères, schweizerischer Hartkäse)

Außerdem:

Mehl für die Arbeitsfläche
Fett für die Form
Pergamentpapier und
250 g getrocknete Erbsen zum „Blindbacken"

1 ❯ Für den Teig das Mehl mit der kleingewürfelten Butter, Wasser und Salz in eine Schüssel geben und mit den Knethaken des Handrührers zu einem festen Teig verkneten. Teig mit bemehlten Händen zur Kugel formen. In Folie einschlagen und etwa 1 Stunde kalt stellen.

2 ❯ Inzwischen für den Belag die Butter in einem Topf zerlassen, das Mehl zugeben und farblos anschwitzen. Mit der Milch auffüllen und unter ständigem Rühren zum Kochen bringen. Vom Herd nehmen und etwas erkalten lassen.

3 ❯ Die Mehlschwitze mit der Sahne und den Eiern verrühren. Dann die Sauce mit Salz, Pfeffer und Muskatnuss abschmecken.

4 › Vom Lauch das obere Drittel Grün und den weißen Wurzelansatz abschneiden. Den Lauch halbieren, gründlich waschen und abtropfen lassen.

5 › Dann in feine Streifen schneiden und in kochendem Wasser etwa 1 Minute garen. In ein Sieb abgießen, kalt abspülen und abtropfen lassen.

Quiche Lorraine

6 › Den Speck ebenfalls in Streifen schneiden, in einer trockenen Pfanne knusprig auslassen und auf Küchenpapier abtropfen lassen.

7 › Den Backofen auf 180 °C vorheizen. Den Greyerzer auf der Haushaltsreibe reiben.

8 › Eine Springform (28 cm Ø) ausfetten. Den Teig aus der Folie wickeln und etwa 3 cm größer als die Form auf bemehlter Arbeitsfläche dünn ausrollen. In die Form legen und einen 3 cm hohen Rand hochdrücken. Mit einer Gabel mehrmals den Boden einstechen. Dann den Teig mit einem Stück Pergamentpapier belegen und mit den getrockneten Erbsen beschweren.

9 › Auf mittlerer Schiene im Ofen etwa 15 Minuten vorbacken. Nach dem „Blindbacken" Papier und Erbsen entfernen. Den Ofen weiterhin anlassen.

10 › Den Lauch mit dem Speck und dem Käse mischen und auf den vorgebackenen Boden verteilen.

11 › Alles mit der Sauce begießen und die Quiche auf mittlerer Schiene im Ofen bei gleicher Temperatur 25 bis 30 Minuten weiterbacken.

Stinger

Stinger

Für den Cocktail:
3 cl Cognac
3 cl Crème de Menthe Blanche
einige Eiswürfel

Außerdem:
1 Stirer

1 › Einige Eiswürfel in einen Tumbler geben. Dann die Zutaten darüber gießen.

2 › Mit einem Stirer servieren.

Zubereitungszeit: ca. 15 Min.

- 1 Zuckermelone (z. B. Charentais, Kantalupe)
- 3 EL Sesamsaat
- 20 kleine, frische Ziegenkäsekugeln
- 1 EL gemahlener Zimt
- 20 kleine Blätter Zitronenmelisse
- 20 Picker

Melonenkugeln mit Ziegenkäse

1 Die Melone halbieren und die Kerne mit einem Teelöffel entfernen. Aus dem Fruchtfleisch mit einem Kugelausstecher 20 Melonenkugeln herauslösen oder das Fruchtfleisch würfeln.

2 Den Sesam in einer trockenen Pfanne unter gelegentlichem Wenden braun rösten. Zum Abkühlen auf einen Teller geben.

3 Dann die Ziegenkäsekugeln in Sesam und anschließend in Zimt rollen.

4 Je einen Ziegenkäse, eine Melonenkugel und ein Blatt Zitronenmelisse auf einen dekorativen Picker stecken und servieren.

Wenn Sie die Ziegenkäsekugeln nicht bekommen, so nehmen Sie stattdessen ca. 300 g Ziegenkäse (am Stück) und formen daraus mit angefeuchteten Händen kleine Kugeln.

Zubereitungszeit: ca. 30 Min.

15 Belon-Austern
$^{1}/_{2}$ rote Zwiebel
1 kleiner Bund Dill
$^{1}/_{4}$ Kopf gelber Friséesalat
5 EL Crème fraîche
1 EL Traubenkernöl
Saft von $^{1}/_{2}$ Zitrone
schwarzer Pfeffer
40 g Kaviar (ersatzweise Keta-Kaviar)

1 ➤ Die Austern öffnen (s. Rezept „Angels on Horseback“ auf Seite 116, Punkt 1), dabei das Austernwasser auffangen und durch ein Haarsieb gießen.

2 ➤ Dann den Schließmuskel und den Austernbart entfernen. Das Austernfleisch aus der Schale lösen, trockentupfen und dann fein würfeln

3 ➤ Zehn Austernunterschalen unter fließendem Wasser abbürsten und trocknen. Die restlichen Schalen entfernen.

Austerntatar mit Crème

4 ➤ Die rote Zwiebel schälen und in feine Würfel schneiden. Den Dill waschen, trockenschütteln und die abgezupften Dillfähnchen fein schneiden. Den Friséesalat putzen, klein schneiden, waschen und gut trockenschleudern.

5 ➤ Die Crème fraîche mit dem Traubenkernöl, dem Zitronensaft und etwas Austernwasser glatt rühren.

6 ➤ Die Zwiebelwürfel und die Dillspitzen zugeben und mit dem Pfeffer die Marinade würzen.

7 ➤ Das Austernfleisch in die Marinade geben, kurz durchmischen und evtl. das Austerntatar noch etwas salzen.

8 ➤ Den Friséesalat in die Austernschalen geben. Mit einem Teelöffel aus dem Austerntatar 10 Nocken formen und auf den Friséesalat setzen. Mit etwas Kaviar garnieren.

Prince of Wales

Für den Cocktail:
2 cl Cognac
2 Spritzer Angostura
2–3 Spritzer Orange-Bitter
10 cl Champagner zum Auffüllen

Außerdem:
1/2 Orangenscheibe
1/2 Zitronenscheibe
2 Cocktailkirschen
1 Trinkhalm und 1 Stirer

1 ➧ In einen Silberbecher einige Eiswürfel geben. Die Zutaten für den Cocktail hinzufügen und mit kaltem Champagner auffüllen.

2 ➧ Das Obst an einem Sticker in den Silberbecher geben. Mit Trinkhalm und Stirer servieren.

Kalte Ente

Kalte Ente

Für 4 Portionen

Für die Bowle:
2 Flaschen Chardonnay (Weißwein)
1 Flasche Champagner

Außerdem:
1 Zitrone

1 ➧ Die Zitrone spiralförmig schälen, sodass sie an einem Ende an der Zitrone bleibt. Zwei Gabeln in die Zitrone stecken, auf eine Karaffe legen und die Spirale in die Karaffe hängen lassen.

2 ➧ Den gut gekühlten Weißwein über die Zitronenschale gießen und danach den kalten Champagner hinzufügen.

Sie sind Nachrichtenbörsen und Kommunikationszentrum, Kult und Kultur, Treffpunkt von Jung und Alt und der beste Platz zum Entspannen – kurzum, italienische Bars sind der wichtigste Ort an jedem Ort. Ob zum Cappuchinofrühstück oder zum Vormittagsplausch, zum „aperitivo“ vor dem Essen oder als „Nightcup“ vor dem Schlafengehen: im Land von Spumante, Grappa, Vermouth, Bitter und Co. gibt es immer einen Grund, in eine Bar zu gehen. Und in denen herrscht ständig Hochbetrieb. Von frühmorgens bis spät in die Nacht – und das von Parma bis Palermo.

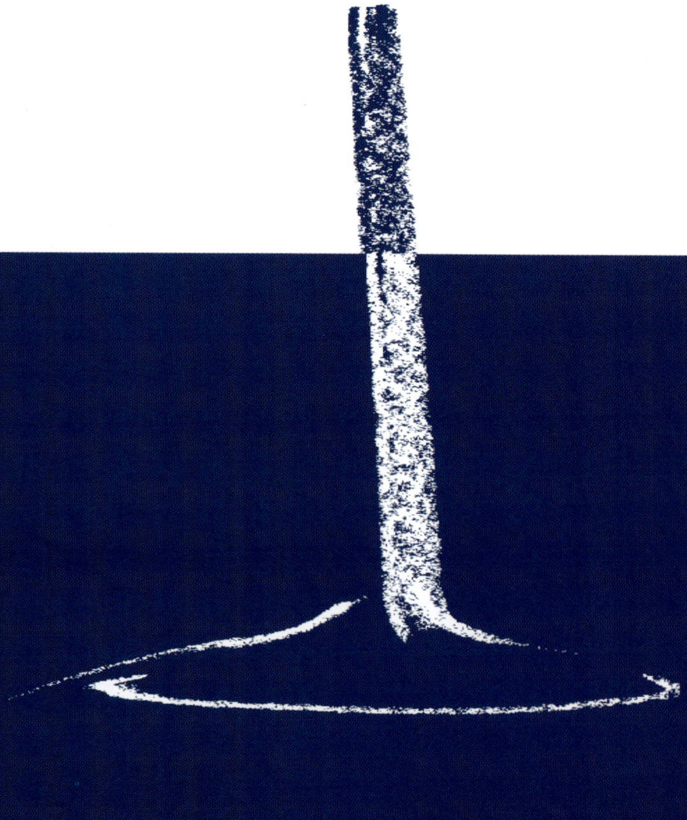

Unmaskierte Trinkkultur

Italien

Turin, die Stadt des Vermouth

Beginnen wir unsere „hochprozentige“ Rundreise in Turin, der Weltmetropole des Vermouth. Hier, in der heutigen Hauptstadt des Piemont mit ihren herrlichen Piazzen und Palästen, Alleen und Arkaden, originellen Bars und Cafés, erfand Antonio Benedetto Carpano, der an der Piazza Castello ein Likörgeschäft besaß, den Vermouth, so wie wir ihn heute noch kennen. Zwar experimentierten in der Umgebung von Turin schon seit dem 16. Jahrhundert mehrere italienische Familien mit Elixieren aus Weinen, Kräutern und Gewürzen, doch war das mehr aromatischer Wein, der auch Wermutsauszüge enthielt, denn richtiger Vermouth. Im Jahre 1816 eröffneten dann die Brüder Carlo Stefano und Giacomo Cinzana einen Laden in Turin, im Jahre 1863 begannen Allessandro Martini und Luigi Rossi die Produktion ihres berühmten Vermouths.

Die Vermouth-Rezepte der einzelnen Firmen waren und sind auch heute noch streng geheim und werden so gehütet, dass kein Vermouth dem anderen gleicht. Allerdings ist das Herstellungsprinzip bekannt. Grundlage der „Vino Vermouth di Torino“ (die Schreibweise Vermouth ist nur italienischen und französischen Produkten vorbehalten) sind ausgesuchte weiße Weine aus der Region Piemont und aus Süditalien. Sie werden schonend gepresst, der Most wird dann geklärt und muss einige Zeit reifen. Inzwischen wird aus Kräutern wie Wermutkraut, Angelica, Thymian sowie Gewürzen wie Chinarinde, Zimt, Kardamom, Koriander ein stark aromatischer Extrakt gewonnen. Dieser Extrakt muss ebenfalls mehrere Monate ruhen, bevor man ihn mit dem Wein vermischt. Mit reinem Weingeist wird das Getränk dann auf 15 bis 20 Vol.-% Alkohol verstärkt. Nach einer erneuten Ruhezeit von mehreren Monaten hat der Vermouth sein typisches Aroma.

Vermouth gibt es rubin-rot (rosso), grünlich-weiß (blanco) und dry, bzw. extra dry, also sehr trocken. Zudem wird noch ein Rosé angeboten. Roter Vermouth wird übrigens wie der weiße aus Weißwein gemacht. Seine rote Farbe erhält er einzig und allein durch den Zusatz von Karamel. Ob man ihn nun pur oder mit einem Schuss Soda trinkt – gut gekühlt und auf Eis schmeckt er als Aperitif am besten.

Grappa: Vom Bauernschnaps zum Edelbrand

Aus der Lombardei, aber auch aus dem Trentino, dem Piemont, Friaul-Julisch-Venetien und der Toskana stammt eine weitere hochprozentige Spezialität, der Grappa. Ursprünglich nur ein Nebenprodukt der Weinherstellung und jahrhundertelang als spottbilliger Bauernschnaps verschrien, erlebte das Getränk einen wahrlich kometenhaften Aufstieg.

Grappa wird aus den Resten der Weinkelterung, dem so genannten Trester, hergestellt. Der vergorene Trester wird in der Destillerie je nach Qualität zwei- bis dreimal gebrannt. Danach muss er noch eine Weile lagern, um sein Aroma zu entfalten. Junge, glasklare Grappas reifen meistens sechs Monate in Edelstahltanks, „riserva“, also gereifte Grappas lagern hingegen mindestens ein Jahr im Holzfass, haben einen kräftigeren Geschmack und eine dunklere Farbe.

Vom Campari zum Negroni

Sie ist die Stadt mit den malerischsten Innenhöfen und den elegantesten Boutiquen, die Stadt mit der zweitgrößten Kirche der Christenheit, dem Dom, und eines der berühmtesten Opernhäuser der Welt, der Scala. Und Mailand ist die Heimat des berühmtesten Bitter-Aperitifs der Welt, des Campari. Man schrieb das Jahr 1861, als dieser rubinrote Bitterbrantwein von dem Gastwirt und Destillateur Gaspare Davide Campari kreiert wurde. Ein Jahr später wurde er erstmalig den Gästen des Mailänder Café-Restaurant **„Camparino"**, das direkt gegenüber dem Mailänder Dom lag, präsentiert. Sein typisches Aroma verdankt der Bitter, der eigentlich kein Magenbitter sondern ein Kräuterlikör ist, einer streng gehüteten Mischung aus einem Kräuter-, Früchte- und Wurzelextrakt, aus neutralem Alkohol, Zucker und destilliertem Wasser.

Das klassische Campari-Rot ist ein biologischer Farbstoff der bereits von den Urvölkern Lateinamerikas benutzt wurde und der vollkommen unbedenklich ist: Koschenille-Karmin, das echte Karminrot. Es stammt von winzigen Lebewesen, die sich auf den Kakteenblättern ansiedeln und mit der Pflanze eine Symbiose eingehen. Noch heute werden diese Koschenille zum Beispiel auf Gran Canaria gezüchtet. Campari ist übrigens auch Basisprodukt zweier berühmter Cocktails, des „Americano", einer Mischung aus rotem Vermouth, Campari und Sodawasser, und des „Negroni". Letzterer ist übrigens ein Zufallsprodukt. Graf Camillo Negroni traf sich 1925 regelmäßig zum Aperitif mit einigen Bekannten. In einer Stehbar in Florenz tranken sie zusammen den seinerseits hochmodernen „Americano". Graf Negroni wünschte sich jedoch einen Spritzer Gin in seinem „Americano" und schon war der „Negroni" geboren.

Prickelndes Piemont

Doch Italien ist nicht nur die Heimat von Vermouth, Grappa und Campari. Nur etwa 60 Kilometer von Turin entfernt, im Herzen des Piemont, liegt das große Weinbaugebiet des Monferrato. Hier wächst die weiße Moscato-Traube, aus der seit Mitte des 19. Jahrhunderts der berühmte süße Schaumwein Asti Spumante hergestellt wird. Im Gegensatz zu Sekt und Champagner wird beim Spumante aus Most gleich Schaumwein, nicht erst Wein. Der Most wird gleich nach der Pressung zum Gären in Drucktanks gefüllt, erhält dort seine Hefezusätze und gärt auch nur einmal. Wenn er etwa 7 Vol.-% Alkohol und etwa 90 g/l Restzucker enthält, wird der Gärprozess unterbrochen, der Schaumwein abgefüllt. Neben dem süßen Asti Spumante gibt es inzwischen auch trockene Spumante sowie eine Vielzahl hervorragender trockener Sekte, die hauptsächlich aus den Trauben Chardonnay und Pinot hergestellt werden. 90 Prozent davon entstehen durch Tankgärung, es gibt aber auch welche im Flaschengärverfahren, der Metodo Classico. Meist werden sie lieblich angeboten, es gibt aber auch ausgezeichnete Brut.

Buffet del Camparino
Camparino
BITTER CAMPARI
BITTER CAMPARI
59
SAMNIUM
ARCHEOLOGIA DEL MOLISE

Harry's Bar und der Bellini

Sie liegt direkt am Canale Grande am Ende der Calle Vallaresso, unmittelbar neben den schaukelnden Gondeln und dem schwankenden Landungssteg, Tür an Tür mit dem Büro des Hafenkapitäns. Und sie ist Italiens berühmteste Bar und Schlemmer-Schuppen: **„Harry's Bar"** in Venedig. Guiseppe Cipriani hatte schon als Kind einen Traum: eine eigene Bar in Venedig. Dass sich dieser Kindheitstraum verwirklichte, verdankt er angeblich einem reichen, jungen Amerikaner namens Harry Pickering. Cipriani, damals Barmann im Hotel Europa, lieh seinem Stammgast eine Menge Geld, die dieser unverhofft nach zwei Jahren in vierfacher Menge zurückbrachte. Das reichte, um am 13. Mai 1931 die Bar zu eröffnen, die heute neben dem Campanile und den Gondeln zu den Wahrzeichen Venedigs gehört. So lautet jedenfalls die Version der Familie Cipriani. Es gibt aber noch eine zweite „Wahrheit". Danach soll nämlich kein anderer als die berühmte Barfliege Ernest Hemingway der eigentliche Initiator von „Harry's Bar" in Venedig gewesen sein. Hemingway, der nicht nur gern jagte, sondern auch gerne in den norditalienischen Dolomiten kletterte, beschwerte sich einst bei seinem Freund Harry MacElhone, dem Gründer der Pariser „Harry's Bar", darüber, dass seine Lieblingsbar und sein Lieblingsgebirge soweit voneinander entfernt seien. Darauf fuhr Harry mit ihm nach Venedig und eröffnete dort – allerdings schon 1923 – die zweite Harry's Bar.

Gekrönte Häupter und bekannte „Barfliegen" wie Somerset Maugham, Noel Coward und Ernest Hemingway gehörten zu den Stammgästen. Und auch Aga Kahn, Toscanini, Onassis, Churchill, Charlie Chaplin und Karajan schauten gerne auf einen „Bellini" vorbei. Diese süffige Mischung aus kaltem, rosigen Pfirsichpüree (am besten nur von weißen Pfirsichen) und kühlem Prosecco erfand Guiseppe in den dreißiger Jahren. Der Drink hatte jedoch keinen Namen, bis ihn Cipriani aus Anlass der größten Bellini-Ausstellung im Jahre 1948 zu Ehren des großen venezianischen Renaissance-Malers Bellini taufte.

Wie die Queen Mum zum „Bellini" kam

Es waren wohl die reichen Bürger Venedigs, die Ende des 19. Jahrhunderts für die weltweite Berühmtheit eines weiteren prickelnden Schaumweines, des Prosecco, sorgten. Alljährlich im Herbst flohen sie vor dem ungesunden Klima der Lagunenstadt in die grüne Hügellandschaft des Veneto, der Region nördlich von Venedig. Dort genossen sie die Fröhlichkeit der Landbewohner und vor allem den dort beheimateten fruchtigen Schaumwein. Natürlich ließen sie sich diesen – wieder zurück in Venedig – dann auch nach Hause liefern. Und so eroberte er schließlich die ganze Welt.

Prosecco gehört übrigens zu den „favourites" der englischen Königsmutter. Sie lernte auf einer Reise durch den Veneto den Prosecco mit einem Schuss Pfirsichpürree kennen. Daraufhin nahm sie sich Prosecco und Pfirsichpürree gleich kistenweise mit nach London. Ob sie wohl weiß, dass sie mit dieser Mischung einen „Bellini" trinkt?

HARRY'S
BAR

Harvey Wallbanger

Für den Cocktail:

3 cl Galliano (Kräuter- und Gewürzlikör)
3 cl Wodka
12 cl Orangensaft
einige Eiswürfel

Außerdem:

1 Kumquat (Zwergorange)
1 Cocktailkirsche
1 Trinkhalm und 1 Stirer

1 ➤ Die Zutaten für den Drink mit einigen Eiswürfeln im Shaker kräftig schütteln. Das Ganze in das mit Eiswürfeln vorbereitete Longdrinkglas seihen.

2 ➤ Zur Dekoration die Kumquat mit der Kirsche am Sticker an den Glasrand stecken. Mit Trinkhalm und Stirer servieren.

Americano

Americano

Für den Cocktail:
einige Eiswürfel
3 cl Campari
2 cl Martini Rosso
10 cl Mineralwasser

Außerdem:
1/2 Zitronenscheibe
1 Stirer

1 Einige Eiswürfel in ein Longdrinkglas geben. Martini und Campari hinzufügen und mit Mineralwasser auffüllen.

2 Zur Dekoration die Zitronenscheibe auf den Drink legen. Mit einem Stirer servieren.

Grisini mit Parmaschinken

Zubereitungszeit: ca. 10 Min.

10 Grisinis (Gebäckstangen)
20 kleine Scheiben Parmaschinken
10 frische Feigen

1 ▸ Die Grisinis in der Mitte einmal durchbrechen. Das Ende der Grisinistangen mit je einer Scheibe Parmaschinken umwickeln.

2 ▸ Die Feigen vorsichtig waschen, trockentupfen und vierteln.

3 ▸ Grisinis und Feigenviertel zusammen auf einer Platte anrichten.

Crostini mit Tomate und Mozzarella

Zubereitungszeit: ca. 20 Min.

Für die Crostini:
3 Tomaten
½ Baguettebrot
3 EL Olivenöl
250 g Mozzarella
½ Knoblauchzehe
Salz
schwarzer Pfeffer
10 Blätter Basilikum

Außerdem:
Öl für das Blech

1 Den Backofen auf 160 °C vorheizen. Die Tomaten waschen, trockentupfen und vierteln. Die Stielansätze herausschneiden und die Tomaten entkernen.

2 Die Tomatenviertel mit der Hautseite nach unten auf ein leicht geöltes Backblech setzen und im Ofen auf mittlerer Schiene etwa 25 Minuten trocknen lassen.

3 In der Zwischenzeit das Baguettebrot in 10 Scheiben (à 1 cm Dicke) schneiden. Den Boden einer Pfanne dünn mit Olivenöl beträufeln und die Baguettescheiben portionsweise bei mittlerer Hitze goldgelb von beiden Seiten darin anrösten. Herausnehmen.

4 Den Mozzarella in 10 Scheiben schneiden. Die Knoblauchzehe schälen und damit die abgekühlten Baguettescheiben abreiben. Dann die Brotscheiben mit je einer Scheibe Mozzarella belegen.

5 Die Tomatenviertel aus dem Ofen nehmen. Etwas auskühlen lassen und auf den Mozzarella legen. Mit etwas Salz und Pfeffer würzen.

6 Den Grill des Backofens vorheizen. Die Baguettescheiben auf ein leicht geöltes Backblech setzen. Auf mittlerer Schiene unter dem Grill 1 bis 2 Minuten überbacken, bis der Mozzarella schmilzt. Dann herausnehmen und mit dem Basilikum belegen. Warm oder kalt servieren.

Campari Orange

Campari Orange

Für den Cocktail:
12 cl Orangensaft
6 cl Campari
einige Eiswürfel

Außerdem:
$^1/_2$ Orangenscheibe
1 Trinkhalm und 1 Stirer

1 ➤ Den Orangensaft in ein Longdrinkglas mit einigen Eiswürfeln geben. Den Campari vorsichtig hinzufügen.

2 ➤ Zur Dekoration eine halbe Orangenscheibe ins Glas geben. Mit Trinkhalm und Stirer servieren.

Mini-Saltimbocca

Zubereitungszeit: ca. 30 Min.

500 g Kalbshüfte (ersatzweise 10 dünne Kalbsschnitzel)
Salz
schwarzer Pfeffer
10 Scheiben Parmaschinken
20 kleine Blätter Salbei
3–4 EL Olivenöl
3–4 EL Butter

1 ▸ Die Kalbshüfte waschen, trockentupfen und in 20 gleich große Stücke schneiden. Die Schnitzelchen flachdrücken (s. Rezept „Carpaccio" auf S. 185, Punkt 6), dann salzen und pfeffern.

2 ▸ Den Parmaschinken quer halbieren. Auf jedes Schnitzel ein Stück Schinken und ein Salbeiblatt legen. Mit Holzspießchen am Fleisch feststecken.

3 ▸ In einer Pfanne portionsweise das Olivenöl und die Butter erhitzen. Die Schnitzelchen nach und nach hineingeben und pro Seite etwa 2 Minuten bei mittlerer Hitze braten. Herausnehmen und auf einer Platte servieren.

Dazu schmeckt frisches Weißbrot oder Baguette.

HEIDSIECK

Bellini

(auf dem Foto: links)

Für den Cocktail:
5 cl Pfirsichmus aus frischem Pfirsich
10 cl Champagner

1 Den Pfirsich schälen und das Fruchtfleisch pürieren.

2 Etwa 5 cl Pfirsichmus in ein Cocktailglas geben und mit kaltem Champagner langsam auffüllen.

Michelangelo

Michelangelo

(auf dem Foto: rechts)

Für den Cocktail:
2 cl Campari
1 cl Lime Juice
1 cl Martini Bianco
10 cl Prosecco
einige Eiswürfel

Außerdem:
1 Physalis

1 Campari, Lime Juice und Martini in einem Rührglas mit einigen Eiswürfeln verrühren und durch das Barsieb in ein Sektglas seihen. Mit kaltem Prosecco auffüllen.

2 Zur Dekoration die Physalis einschneiden und an den Glasrand stecken.

Solemio

Solemio

Für den Cocktail:
5 cl italienischer Brandy
3 cl Orangensaft
3 cl Zitronensaft
2 cl Zuckersirup
einige Eiswürfel

Außerdem:
1/2 Orangenscheibe
1/2 Zitronenscheibe
1 Cocktailkirsche
1 Trinkhalm

1 ➧ Alle Zutaten für den Cocktail mit einigen Eiswürfeln im Shaker kräftig schütteln und durch ein Barsieb in ein mittelgroßes Stilglas seihen.

2 ➧ Zur Dekoration das Obst an einem Sticker auf den Glasrand legen. Mit einem kurzen Trinkhalm servieren.

Orangerie Cocktail

Für den Cocktail:
3 cl Aperol (Bitter-Aperitif)
10 cl Champagner
1 Eiswürfel

Außerdem:
1 Kumquat (Zwergorange)

1 › Den Aperol mit einem Eiswürfel in ein Champagnerglas geben und mit kaltem Champagner auffüllen.

2 › Die Kumquat mit einer Gabel rundherum anstechen und in das Glas geben.

Orangerie Cocktail

Zubereitungszeit: ca. 30 Min.

20 Spargelabschnitte à 10 cm Länge (aus der Dose)
10 Scheiben Parmaschinken
ca. 4 EL Mehl
1 frisches Ei
ca. 4 EL Paniermehl
4 EL Butterschmalz

Gebackener Spargel mit Parmaschinken

1 Die Spargelabschnitte auf Küchenpapier trockentupfen

2 Den Parmaschinken einmal längs halbieren und den Parmaschinken so um den Spargel wickeln, dass die Spitzen noch herausschauen.

3 Das Mehl, das Ei und das Paniermehl getrennt auf drei Teller geben. Den Spargel zuerst im Mehl wälzen, dann durch das verquirlte Ei ziehen und zum Schluss im Paniermehl rollen. Auch die Spargelenden mitpanieren.

4 Anschließend portionsweise das Butterschmalz in einer Pfanne erhitzen und die Spargelstangen rundherum darin goldgelb und kross ausbacken.

5 Den Spargel auf Küchenpapier abtropfen lassen. Um jeden Spargel eine Papiermanschette oder etwas Alufolie wickeln, damit man sie sauber in die Hand nehmen kann. Das Ganze auf einer großen Platte servieren.

Carpaccio nach Cipriani Art

Zubereitungszeit: ca. 20 Min.

Für das Fleisch:

500 g abgehangenes Rinderfilet (ohne Sehnen und Fett)
5 EL kaltgepresstes Olivenöl
Salz
schwarzer Pfeffer

Für die Sauce:

2 frische Eigelb
1/2 TL scharfen Senf
125 ml Olivenöl
Saft von 1/4 Limette
100 ml kräftige Rinderbrühe (Fertigprodukt)
Salz
schwarzer Pfeffer
4 Tropfen Tabasco (Fertigprodukt)

1 ➤ Das Rinderfilet in Frischhaltefolie einwickeln und im Tiefkühler etwa 1 1/2 Stunden anfrieren lassen – so lässt es sich leichter schneiden.

2 ➤ Inzwischen für die Sauce, die Eigelbe und den Senf in eine Schüssel geben und gut verrühren.

3 ➤ Vorsichtig nach und nach das Olivenöl mit dem Limettensaft tropfenweise mit dem Schneebesen unterrühren, bis eine feste Majonäse entsteht.

4 ➤ Die Rinderbrühe aufkochen, etwas abkühlen lassen und in die Mayonnaise rühren, sodass sie auf Saucenkonsistenz verdünnt wird. Dann die Sauce Cipriani mit Salz, Pfeffer und Tabasco abschmecken.

5 ➤ Das Rinderfilet aus der Folie wickeln, mit einem scharfen, großen Messer oder mit der Aufschnittmaschine in 20 Scheiben (à 1/2 cm Dicke) schneiden.

6 ➤ Die Scheiben zwischen zwei Lagen Klarsichtfolie legen und mit der Breitseite eines großen, schweren Messers oder mit der Teigrolle das Fleisch hauchdünn breit drücken – so wird es ganz zart.

7 ➤ Zehn Teller mit je 1/2 Esslöffel Olivenöl bestreichen und etwas salzen und pfeffern.

8 ➤ Die Fleischscheiben auf die Teller legen und erneut salzen und pfeffern.

9 ➤ Die Sauce Cipriani in einen kleinen Gefrierbeutel füllen. Eine Ecke abschneiden und die Sauce spiralförmig auf das Carpaccio spritzen. Dann mit einer Gabel die Sauce zum Tellerrand hin verziehen und servieren.

Negroni

Negroni

Für den Cocktail:
2 cl Campari
2 cl Punt e Mes (Wermut)
2 cl Gilbey's (Gin)
10 cl Mineralwasser
einige Eiswürfel

Außerdem:
1/2 Orangenscheibe
1 Stirer

1 Einige Eiswürfel in ein Longdrinkglas geben. Die Spirituosen hinzufügen, mit Mineralwasser auffüllen und umrühren.

2 Zur Dekoration die Orangenscheibe an den Glasrand stecken. Mit einem Stirer servieren.

Eingelegte Steinpilze

Zubereitungszeit: ca. 15 Min.
(plus 4–5 Std. Zeit zum Marinieren)

700 g kleine frische Steinpilze
2 Schalotten
8 EL Olivenöl
4 EL Rotweinessig
2 EL Balsamicoessig
1 Lorbeerblatt
1 Zweig Thymian
1/2 Knoblauchzehe
1 EL Zucker
1 TL Salz
1 Bund Petersilie
einige Picker

1 Die Steinpilze putzen, dafür die Stielenden knapp abschneiden und die „Köpfe" mit Küchenpapier abreiben. Dann die Pilze halbieren und in ein Einmachglas geben.

2 Die Schalotten schälen, in feine Ringe schneiden und in einen Topf geben.

3 Das Olivenöl mit dem Rotweinessig, Balsamicoessig, Lorbeerblatt, Thymian, geschältem Knoblauch, Zucker und Salz zu den Schalotten geben und alles einmal aufkochen.

4 Die heiße Schalottenmarinade über die Steinpilze gießen, mit einem Deckel fest verschließen und das Glas auf den Kopf stellen.

5 Die Steinpilze so mindestens 4 bis 5 Stunden marinieren lassen. Während dieser Zeit das Glas ab und zu wenden. (An einem kühlen Ort sind die Steinpilze so auch einige Tage haltbar).

6 Vor dem Servieren die Petersilie waschen, trockentupfen und hacken. Die Steinpilze aus der Marinade fischen und die Petersilie untermischen. In Schälchen füllen und mit Pickern servieren.

Gebackene Polentawürfel

Zubereitungszeit: ca. 1 1/4 Std.

500 ml Wasser
1 TL Salz
125 g Maisgrieß
1 EL Öl zum Einfetten
5–6 EL Olivenöl
einige Picker

1 In einem flachen Topf das Wasser zusammen mit dem Salz zum Kochen bringen.

2 Den Maisgrieß einrieseln lassen und alles unter ständigem Rühren mit einem Holzlöffel einmal aufkochen lassen.

3 Den Brei zugedeckt bei kleiner Hitze etwa 30 Minuten quellen lassen. Dabei ab und zu umrühren. Dann den Topf vom Herd ziehen.

4 Ein Backblech mit dem Öl einfetten. Den heißen Maisbrei darauf geben und glatt streichen. Dann etwa 3 Stunden kalt stellen.

5 Nach dem Erkalten die Polenta in mundgerechte Würfel schneiden. Das Olivenöl portionsweise in einer Pfanne erhitzen und die Polentawürfel von beiden Seiten goldgelb ausbacken.

6 Die Polentawürfel herausnehmen und auf Küchenpapier abtropfen lassen. Noch warm mit den Pickern servieren.

Galliano Coffee

Galliano Coffee

(auf dem Foto: links)

Für den Drink:
4 cl Galliano (Kräuter- und Gewürzlikör)
2 TL brauner Rohrzucker
1 doppelter Espresso

Außerdem:
1 EL halb feste Schlagsahne
etwas Kaffeepulver

1 Den Galliano mit dem Rohrzucker in ein Irish-coffee-Glas geben und über einer Spiritusflamme erhitzen. Das Getränk anzünden, umrühren und dann den doppelten Espresso dazugeben.

2 Zur Dekoration einen Esslöffel halb feste Schlagsahne oben auf das Getränk geben und mit Kaffeepulver bestreuen.

Pontresina

(auf dem Foto: rechts)

Für den Cocktail:

3 cl Campari
1 cl Gin
2 cl Martini Bianco
10 cl Mineralwasser
einige Eiswürfel

Außerdem:

1 Zitronenscheibe
1 Hibiskusblüte
1 Stirer

1 Die Spirituosen in ein mit Eiswürfeln vorbereitetes Ballonglas geben und mit kaltem Mineralwasser auffüllen.

2 Zur Dekoration die Hibiskusblüte und die Zitronenscheibe an den Glasrand stecken. Mit einem Stirer servieren.

Sie ist die Zeit zwischen Arbeit und Freizeit, zwischen Stress und Entspannung, ein Moment der Lebensfreude, der Harmonie und der Lust am Genuss. Nicht ohne Grund heißt „Happy Hour" auf deutsch glückliche Stunde. Und in dieser Stunde trifft man sich gerne mit Freunden oder Kollegen zu einem raffiniert gemixten Cocktail und ein paar Snacks, und lässt den Tag bei einem anregenden Gespräch ausklingen. Das kann in der klassischen Cocktailbar, in der trendy Szenekneipe oder im kleinen, gemütlichen Straßencafé gleich um die Ecke sein. Jede Stadt hat da ihre Geheimtipps …

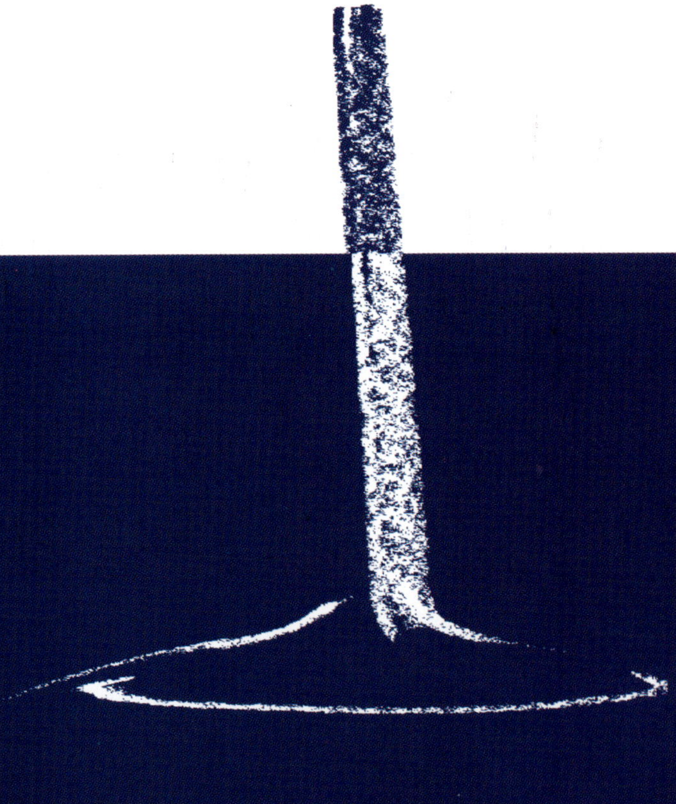

Deutschland, Österreich, Schweiz

Wo die Happy Hour am schönsten ist

Berlin ist eine Stadt auf dem Sprung: voller Energie, etwas chaotisch, etwas unberechenbar und vor allem voller krasser Widersprüche. Berlin ist aber auch die Stadt mit den aufregendsten und längsten Nächten Deutschlands. Kein Wunder, denn nirgendwo sonst gibt es eine größere Ansammlung an Restaurants, Cafés und Bars wie in der Metropole Deutschlands. Da sind zum einen die unzähligen urigen Kneipen, die schon zu Zilles Zeiten das Stadtbild prägten und in denen die Berliner zur Molle Bier die obligatorischen Buletten mit Mostrich oder Soleier essen. Schrill und skurril, aber absolut „trendy" sind die vielen Szenetreffs, die wie Pilze aus der Erde schießen, oft aber genauso schnell wieder verschwinden. Eines davon ist die **„Schnabel-Bar",** in Berlin-Kreuzberg. In der unkonventionellen, knallorangefarbigen Bar, die einer Grotte ähnelt, verlustigen sich zwischen rostigen Metallskulpturen alle möglichen bunten Vögel. Hier findet jede „Barfliege" ihr passendes Betäubungsmittel.

Berlin – hier steppt der Bär

Apropos Barfliege: Hier in Berlin, genauergesagt im noblen **„Grand Hotel Esplanade"** am Lützowufer befindet sich auch die Fliegenfalle Nr. 5, eine weitere Filiale der legendären **„Harry's New York Bar".** Seit zehn Jahren gilt sie schon als „in", und das will in dieser Stadt etwas heißen. Nur einen Steinwurf entfernt von der Philharmonie treffen sich in dieser klassischen Piano-Bar alle Szeneleute Berlins und solche, die es werden wollen, zur größten Cocktailsauswahl der Stadt. Zu den besuchenswerten klassischen Hotelbars gehören aber auch die **„Bristol-Bar"** im Bristol Hotel Kempinski, in der schon die Sängerin Milva mit Otto Waalkes Champagner trank, Stefanie von Monaco und Placido Domingo die Barhocker hüteten. Prominenz aus Film und Fernsehen trifft sich im **„Paris 15"** in Wilmersdorf. Die im Art-Deco-Flair gehaltene Bar mit Designersesseln, Clubtischen und einer schwarz lackierten Theke ist so richtig etwas zum Hängenbleiben. Zu den klassischen Cocktailbars gehört auch **„Zur weißen Maus"** am Ludwig-Kirchplatz in Berlin-Charlottenburg. In den Wilden Zwanzigern war diese Bar das Berliner Sündenbabel. Hier trafen sich Schriftsteller, Maler und Nackttänzerinnen wie Anita Berger, die in diesem Amüsierbetrieb ihre heißen Auftritte hatte. In die kühle und trendy Bar zieht es heute vor allem Film- und Fernsehleute.

RESTAURANT
Paris Bar

Wiesbaden – mehr als nur Kurstadt

Es sind die heißen Quellen, die Prachtbauten aus der Gründerzeit und vor allem das jugendlich-beschwingte Flair, die den Ruhm und Glanz der Stadt Wiesbaden auch heute noch ausmachen. Und eines ihrer Kronjuwelen ist der „Nassauer Hof", ein Grand Hotel, in dem schon Könige, Fürsten, Herzöge, Grafen und illustre Persönlichkeiten wie der russische Schriftsteller Fjodor M. Dostojewski zu Gast waren. Ausgesprochen zentral gegenüber dem Wiesbadener Kurhaus mit dem Spielcasino, dem Kurpark, dem Hessischen Staatstheater und der Oper gelegen, ist es im Laufe der Zeit zu einer Institution geworden. Das liegt zum einen an der Philosophie des Hauses, Luxus als Selbstverständlichkeit zu pflegen, und zum anderen an seinen kulinarischen „Highlights", der preisgekrönten Küche von Harald Schmitt sowie auch an der „Nassauer Hof-Bar", in der Barchef und Mit-Autor Eddy Hahner seine Gäste begrüßt. In der eleganten Piano-Bar kann man es sich entweder vor dem lodernden Kamin oder an dem großen Bar-Tresen bequem machen. Und wenn dann Eddy auch noch seinen preisgekrönten „Exotica" mixt, dann schwebt man fast im siebten Barhimmel.

Für alle Nachtschwärmer, die nicht auf einem „Bein" stehen können, wartet nach nur 20 Minuten Taxifahrt bereits der nächste Cocktail, nämlich in **„Jimmy's Bar"** im Hotel „Hessischer Hof" in Frankfurt. In gediegener englischer Club-Atmosphäre treffen sich hier Geschäftsleute, Hotelgäste, aber auch Yuppies zu den besten Cocktails der Rhein-Main-Metropole.

Ein Bar-Blick über die Grenzen

Barfliegen sind eine ziemlich umtriebige Spezies. Und so verwundert es nicht, dass sie nicht nur die heimischen Bartresen umschwirren, sondern gern auch mal einen Blick über die Grenzen hinaus riskieren. Und ein Besuch unserer Nachbarn lohnt sich immer, nicht nur „barologisch" gesehen. Wer glaubt, dass Österreich nur aus Cafés und Heurigen-Lokalen besteht, der irrt gewaltig. Vor allem in der Donaumetropole Wien kommen Barfliegen voll auf ihre Kosten. Die längste Bartheke der Stadt steht übrigens im **„Castillo"** in der Biberstraße im 1. Bezirk. Bei leiser Hintergrundmusik werden hier erlesene Cocktails und kleine Snacks offeriert. Eine klassische „American Bar" ist die vom österreichischen Künstler Adolf Loos entworfene **„Loos-Bar"** in der Kärntner Straße. Ihr Jugendstil-Ambiente aus dem Jahre 1908 wurde originalgetreu restauriert. Auf einen Schluck Champagner vor oder nach der Oper trifft man sich in der **„Reiss Bar"** unweit der Staatsoper. Wiens Schickeria hottet bei Life-Musik in der **„Eden-Bar"** bis in den frühen Morgen.

Nachtschwärmer sind sie gerade nicht, die Schweizer. Denn die meisten Bars schließen hier schon um Mitternacht. Nichtsdestotrotz sind auch die Eidgenossen mit ihrer Barkultur durchaus konkurrenzfähig. Weit über die Grenzen hinaus bekannt ist zum Beispiel die **„Kronenhalle Bar"** in der Römistraße in Zürich. Hier verwöhnt Barchef Peter Roth durstige Genießer mit erstklassigen Drinks vom Klassiker bis zu neuen Kreationen. Für eine seiner Neukreationen, für den berühmten „Ladykiller", gewann Peter Roth in Hamburg sogar den Weltmeistertitel. Seine Gäste machen es sich dabei im gediegenen

Leder bequem und genießen die Originale von Chagall oder Miro, die an den Wänden der Bar hängen. In einem von zehn historischen Häusern im Rennweg in Zürich befindet sich die **„Widder-Bar"**, beliebter Treffpunkt von Malt-Whisky-Fans, die sich hier bei Life-Jazz amüsieren können. Aber wie gesagt, nur bis Mitternacht …

München – Barstadt mit Herz

Dass Bayern nur in Wirtshäusern und Biergärten sitzt, ist ein Gerücht, das wohl nie ganz verstummen wird. Dabei hat die Weltstadt mit Herz mehr Trinkkultur zu bieten als nur Hofbräuhaus und Oktoberfest. In der Stadt, die vor Gemütlichkeit und ungezügelter Lebensfreude nur so strotzt, kommt jeder auf seine Kosten – kein Wunder bei 2000 gastronomischen Etablissements, von denen hier, wie schon bei den anderen Städten auch, nur einige aufgezählt werden können. Wenn in der bayerischen Landeshauptstadt die Sonne untergeht, herrscht auf dem Schwabinger Champs-Elysee, der Leopoldstraße, bereits Hochbetrieb. Unzählige Straßen- und Szene-Cafés, Bistros und Bars laden zur „blauen Stunde", zum ersten Aperitif. Hier beginnt für manchen Nachtschwärmer der Barbummel mit einem „Gimlet" oder einem „Tequila Sunrise", man isst eine Kleinigkeit, um dann auch wirklich fit für die „Piste" zu sein. Und die Piste, das ist vor allem die Münchener Innenstadt.

Im **„Schuhmann's“** in der Maximilianstraße ist es nicht immer leicht einen Tisch oder gar einen freien Barhocker zu ergattern. Ein maritim angehauchtes Pub-Ambiente erwartet den Besucher im **„Pusser's“** in der Falkenturmstraße. Der über dem Kopf schwebende Schiffsrumpf samt Gallionsfigur und die Signalflaggen an den Wänden erinnern an die Zeit, als es Pussers Rum auf allen Schiffen der Englischen Royal Navy gab. Die Spezialität des bayerischen Amerikaners Bill Deck ist übrigens der „Painkiller“, eine Mischung aus Pussers Rum, Ananas- und Orangensaft. Und wer dann noch Stehvermögen zeigt, nimmt seinen Absacker am besten im **„Nachtcafé“** am Maximiliansplatz, denn hier gibt es nicht nur Unterhaltung und köstliche Drinks, sondern ab drei Uhr morgens auch Frühstück. Wie sagte doch schon Eugen Roth so trefflich: „Vom Ernst des Lebens halb verschont ist der schon, der in München wohnt“.

Strammer Max

Zubereitungszeit: ca. 20 Min.

10 Scheiben Baguette
60 g Butter
300 g westfälischen Schinken (am Stück, Knochenschinken)
2 EL Öl
10 frische Wachteleier (gibt's oft im Delikatessengeschäft; ersatzweise kleine Hühnereier)
einige Kerbelblättchen

1 Die Baguettescheiben goldgelb toasten und dünn mit Butter bestreichen.

2 Den Schinken in kleine Würfel à 1/2 cm Kantenlänge schneiden und auf die Baguettescheiben verteilen.

3 In einer großen Pfanne das Öl erhitzen. Die Wachteleier vorsichtig aufschlagen, die Eier ins heiße Öl geben und bei mittlerer Hitze zu Spiegeleiern stocken lassen.

4 Die Pfanne vom Herd nehmen. Mit einem runden Ausstechförmchen die Spiegeleier ausstechen und auf die Baguettescheiben setzen. Den strammen Max vor dem servieren mit Kerbel garnieren.

Geldbeutel mit Pilzfüllung

Zubereitungszeit: ca. 40 Min.

500 g Pilze je nach Saison (Steinpilze, Champignons, Austernpilze oder Pfifferlinge)
1/2 Stange Lauch
100 g Butter
Salz
schwarzer Pfeffer
50 g Mehl
250 g Sahne
Saft von 1/2 Zitrone
1 Bund Schnittlauch
180 g Strudelteig (gibt's im Kühlregal)
Mehl zum Ausrollen
ca. 1 l Öl zum Frittieren

1 Die Pilze putzen, dafür die „Köpfe" mit Küchenpapier sauber abreiben und die trockenen Stielenden kürzen. Dann die Pilze in 1/2 cm große Würfel schneiden.

2 Den Lauch waschen und putzen. Die äußeren Blätter ablösen und daraus 20 Bändchen (à 15 cm Länge und 1/2 cm Breite) schneiden. Den restlichen Lauch fein würfeln.

3 Die Lauch-Bändchen in kochendem Wasser einmal aufkochen lassen, dann in Eiswasser abkühlen.

4 Die Butter in einem Topf aufschäumen lassen, die Lauchwürfelchen zugeben und kurze Zeit darin andünsten.

5 Die Pilzwürfel dazugeben und ebenso mit andünsten.

6 ▸ Alles mit Salz und Pfeffer würzen. Mit dem Mehl bestäuben und unter Rühren anschwitzen. Die Sahne unter ständigem Rühren dazugeben und alles etwa 1 Minute kochen lassen. Dann die Pilzmasse mit Salz, Pfeffer und dem Zitronensaft abschmecken.

7 ▸ Den Schnittlauch waschen, in feine Röllchen schneiden und unter die Pilzmasse ziehen. Dann den Topf vom Herd nehmen und abkühlen lassen.

8 ▸ Den Strudelteig auf einem gemehlten Tuch so dünn wie möglich ausziehen. Mit einem runden Ausstecher 20 Kreise (à 10 cm Ø) ausstechen.

9 ▸ Je einen Esslöffel der Pilzmasse in die Mitte eines jeden Teigkreises geben. Die Kreise zu einem Säckchen zusammen drehen und mit den Lauchbändchen vorsichtig zubinden.

10 ▸ In einem Topf oder in der Fritteuse das Öl auf etwa 175 °C erhitzen und die Pilzsäckchen portionsweise in etwa 1 Minute goldgelb ausbacken. Herausnehmen und auf Küchenpapier abtropfen lassen.

Windbeutel

Zubereitungszeit: ca. 50 Min.

250 ml Wasser
70 g Butter
1 Prise Salz
130 g Mehl
4 frische Eier

1 Für die Windbeutel einen Brandteig herstellen. Dafür das Wasser mit der Butter und dem Salz in einem flachen Topf aufkochen.

2 Das Mehl sieben und mit einem Mal in die Flüssigkeit geben. Alles mit einem Kochlöffel so lange rühren, bis der Teig sich vom Topfrand löst und sich ein Kloß bildet.

3 Vom Herd nehmen, nach und nach mit dem Kochlöffel die Eier unter den heißen Teig rühren. Anschließend den Brandteig 10 Minuten ruhen lassen. Den Backofen auf 220 °C vorheizen.

4 Den Teig in einen Spritzbeutel mit Sterntülle füllen. Auf ein mit Backpapier ausgelegtes Blech 20 Tupfen (à 3 cm Ø) spritzen.

5 Im Ofen auf mittlerer Schiene 10 Minuten backen. Dann den Ofen auf 180 °C zurückschalten und weitere 15 Minuten backen.

6 Die Brandteigkugeln herausnehmen und noch heiß von einer Seite – zum Füllen – einschneiden. Dann gut auskühlen lassen. Mit der Käsecreme, Rezept nebenan, füllen.

Käsecremefüllung

Zubereitungszeit: ca. 15 Min.

50 g Butter (Zimmertemperatur)
100 g Doppelrahm-Frischkäse
100 g Sahnequark
1 Frühlingszwiebel
1 TL Kapern
Salz
schwarzer Pfeffer
1 TL Paprikapulver, rosenscharf
1 Msp. Senfpulver

1 Die Butter in einer Schüssel mit den Schneebesen des Handrührers schaumig schlagen. Dann den Frischkäse und den Quark langsam unterrühren.

2 Die Frühlingszwiebeln putzen, waschen und längs halbieren. Dann in feine Streifen schneiden. Die Kapern fein hacken.

3 Die Frühlingszwiebeln und die Kapern zur Käsecreme geben und vorsichtig unterheben. Alles mit Salz, Pfeffer, Paprika- und Senfpulver würzen. Die Windbeutel, Rezept nebenan, mit der Käsecreme füllen.

Berlin 2000

Berlin 2000

(auf dem Foto)

Für den Cocktail:

2 cl Peachtree (Pfirsichlikör)
2 cl Williamsbirne
2 cl Martini Extra Dry
einige Eiswürfel

Außerdem:

1 Zwergbirne

1 ➧ Die Zutaten für den Cocktail mit einigen Eiswürfeln im Rührglas verrühren und durch ein Barsieb in ein Cocktailglas seihen.

2 ➧ Zur Dekoration die Zwergbirne in das Glas legen.

Frucht Punch

Frucht Punch

Für den Cocktail:
3 cl Erdbeersirup
6 cl Mangosaft
4 cl Maracujasaft
3 cl Limettensaft
4 cl Ananassaft
einige Eiswürfel
Crushed ice

Außerdem:
Karambole (Sternfrucht)
1 Cocktailkirsche
1 Minzezweig
1 Trinkhalm und 1 Stirer

1 Die Zutaten für den Cocktail mit einigen Eiswürfeln in den Shaker geben. Das Ganze kräftig schütteln und durch ein Barsieb in ein Ballonglas mit Crushed ice seihen.

2 Das Obst mit dem Minzezweig am Sticker an den Glasrand stecken. Mit einem Trinkhalm und Stirer servieren.

Theatrium Cocktail

Für den Cocktail:
4 cl Wodka
2 cl Peachtree (Pfirsichlikör)
2 cl Red Orange (Orangenlikör)
2 cl Zitronensaft
10 cl Gingerale
einige Eiswürfel

Außerdem:
1 Apfelspalte
1 Cocktailkirsche
1 Minzezweig
1 Trinkhalm

1 Die Zutaten für den Cocktail ohne Gingerale mit einigen Eiswürfeln in den Shaker geben. Das Ganze kräftig schütteln und durch ein Barsieb in ein Ballonglas mit Eiswürfeln seihen. Mit Gingerale auffüllen.

2 Zur Dekoration das Obst mit dem Minzezweig an den Glasrand stecken. Mit einem Trinkhalm servieren.

B 52

Possmann Spezial

(auf dem Foto: rechts)

Für den Cocktail:
10 cl Apfelwein
2 cl Calvados
2 cl Apricot Brandy
4 cl Orangensaft
einige Eiswürfel

Außerdem:
1 Apfelspalte
1 Cocktailkirsche
1 Minzezweig
1 Trinkhalm

1 ➧ Die Zutaten für den Drink mit einigen Eiswürfeln in den Shaker geben. Das Ganze kräftig schütteln und durch ein Barsieb in ein Longdrinkglas mit einigen Eiswürfeln seihen.

2 ➧ Zur Dekoration das Obst mit dem Minzezweig an den Glasrand stecken. Mit Trinkhalm servieren.

B 52

(auf dem Foto: links)

Für den Cocktail:
2 cl Kahlúa (Kaffeelikör)
2 cl Bailey's
2 cl Captain Morgen 73 % (Rum)

1 ➧ Zunächst den Kahlúa in ein Shooterglas füllen. Dann den Bailey's über einen Barlöffel langsam hineinlaufen lassen und abschließend den Captain Morgen. Der Cocktail sollte nun aus drei Schichten bestehen.

Gefüllte Champignons

Zubereitungszeit: ca. 35 Min.

25 große Champignons
3 EL Butter, 1 EL Mehl
125 g Sahne
Salz, geriebene Muskatnuss,
schwarzer Pfeffer
100 g Greyerzerkäse (gerieben)
100 g gekochter Schinken
2 Schalotten
1 kleines Bund Petersilie
1/2 Knoblauchzehe
Fett für die Form

1 Die Champignons putzen, dafür die „Köpfe" mit Küchenpapier sauber abreiben und die trockenen Stielenden kürzen. Von 20 Pilzen die Stiele herausdrehen.

2 Die Stiele mit den restlichen Champignons (5 Stück) fein hacken.

3 In einem Topf 1 Esslöffel Butter erhitzen, mit dem Mehl bestäuben und unter Rühren anschwitzen. Die Sahne unter ständigem Rühren dazugeben und die Mehlschwitze damit verrühren. Dann unter ständigem Rühren aufkochen lassen.

4 Die Sauce mit Salz, Muskatnuss und Pfeffer würzen. Vom Herd nehmen und den Käse unterrühren.

5 Den Schinken in feine Würfel schneiden. Die Schalotten schälen und fein würfeln. Die Petersilie waschen, trockentupfen und die Blätter hacken. Den Knoblauch schälen und hacken.

6 Die restliche Butter in einer Pfanne aufschäumen lassen, Schalotten und die gehackten Pilze dazugeben und kurz darin andünsten.

7 Den Schinken zugeben und kurz mit anschwitzen. Die Pfanne vom Herd nehmen, den Knoblauch und die Petersilie unterrühren.

8 Alles mit der Käsesauce vermischen und evtl. die Schinkenmasse abschmecken.

9 Eine rechteckige feuerfeste Form ausfetten und etwas salzen und pfeffern.

10 Die Schinkenmasse mit einem Teelöffel in die Champignons füllen. Dann die Pilze in die feuerfeste Form setzen. Auf mittlerer Schiene in den kalten Backofen schieben. Bei 200 °C 15 bis 20 Minuten – je nach Größe der Pilze – garen. Möglichst heiß servieren.

Zubereitungszeit: ca. 30 Min.

Für die Reibekuchen:
400 g Kartoffeln
1 frisches Ei
Salz, schwarzer Pfeffer
geriebene Muskatnuss
5 EL Öl

Außerdem:
10 Scheiben Räucherlachs
120 g Apfelmus

Reibekuchen mit Räucherlachs und Apfelmus

1 ➧ Die Kartoffeln schälen, waschen und auf der Haushaltsreibe fein reiben. Die geriebenen Kartoffeln mit den Händen leicht ausdrücken und in eine Schüssel geben.

2 ➧ Das Ei zugeben und den Kartoffelteig mit Salz, Pfeffer und Muskat würzen.

3 ➧ Den Kartoffelteig zu 10 Reibekuchen formen. In einer Pfanne portionsweise das Öl erhitzen und die Reibekuchen bei großer Hitze im schwimmenden Fett von beiden Seiten kross ausbacken.

4 ➧ Die Reibekuchen herausnehmen und auf Küchenpapier abtropfen lassen.

5 ➧ Die Lachsscheiben zu einem Tütchen aufdrehen, auf die Reibekuchen setzen und in die Mitte je einen Teelöffel Apfelmus füllen. Die Reibekuchen möglichst heiß servieren.

Für Reibekuchen muss das Öl beim Einlegen des Teiges besonders heiß sein, da sie sich sonst nicht gut vom Pfannenboden lösen.

Zubereitungszeit: ca. 30 Min.

4 Schalotten
5 Cornichons
2 Sardellen
8–10 Kapern
600 g Tatar (Beefsteakhack vom Rind)
1 TL Dijonsenf
2 EL Öl
4 EL kaltes Wasser
1/2 TL Paprikapulver rosenscharf
Salz
schwarzer Pfeffer
10 Scheiben Kastenweißbrot (ersatzweise Toastbrot)
200 g Kaviar
250 g Crème fraîche

Schlemmerschnitte mit Kaviar

1 Die Schalotten schälen und würfeln. Die Cornichons ebenso in feine Würfel schneiden.

2 Die Sardellen kalt abspülen, trockentupfen und mit den Kapern fein hacken.

3 Das Tatar in eine Schüssel geben. Die Schalotten mit den Cornichons, Sardellen und Kapern hinzufügen. Dann den Senf mit Öl und Wasser ebenso dazugeben. Alles verrühren und würzig mit Paprika, Salz und Pfeffer abschmecken.

4 Das Weißbrot toasten und mit dem angemachten Tatar bestreichen. Die Brotscheiben vorsichtig mit einem Messer entrinden und dann diagonal halbieren.

5 Auf jede Brotecke einen Teelöffel Kaviar geben und mit einem Tupfen Crème fraîche garnieren.

Maibowle

Für 4 Portionen

Für die Bowle:
1 Büschel Maikraut (Waldmeister)
1 Fl. trockener Weißwein
1 Scheibe Orange
1 Fl. Sekt

Außerdem:
4 halbe Orangenscheiben

1 Den Weißwein und die Orangenscheibe in eine Karaffe geben. Das Maikraut an einem Bindfaden befestigt in den Wein hängen. Die Stiele dürfen nicht im Wein hängen, sonst wird die Bowle bitter.

2 Die Karaffe 30 Minuten in den Kühlschrank stellen und anschließend mit Sekt auffüllen. Zur Dekoration an den Rand der Weingläser jeweils eine halbe Orangenscheibe stecken.

Spargel im Flädle

Zubereitungszeit: ca. 45 Min.

10 dicke Stangen Spargel
1 EL Butter
1 TL Zucker
Salz
100 g Mehl
250 ml Milch
2 frische Eier
schwarzer Pfeffer
geriebene Muskatnuss
4 EL Butterschmalz
200 g Crème fraîche
Cayennepfeffer
10 Scheiben westfälischen Schinken (Knochenschinken)

1 Den Spargel waschen, vom Kopf nach unten dünn schälen und das holzige Ende abschneiden. Den Spargel mit Butter und Zucker in reichlich kochendes Salzwasser geben. Bei kleiner bis mittlerer Hitze zugedeckt etwa 15 Minuten garen. Herausnehmen, abtropfen lassen und beiseite stellen.

2 Für den Pfannkuchenteig das Mehl mit der Milch glatt rühren. Die Eier unterrühren und alles mit Salz, Pfeffer und etwas Muskatnuss abschmecken.

3 ➧ Das Butterschmalz portionsweise in einer Pfanne (24 cm Ø) erhitzen und nacheinander 10 dünne, farblose Pfannkuchen bei mittlerer Hitze von beiden Seiten backen.

4 ➧ Die Pfannkuchen herausnehmen und auf Küchenpapier abtropfen lassen.

5 ➧ Die Crème fraîche mit etwas Salz und Cayennepfeffer pikant abschmecken.

6 ➧ Die Pfannkuchen zuerst dünn mit der Crème fraîche bestreichen. Dann jeden Pfannkuchen mit je einer Schinkenscheibe und einer Spargelstange belegen. Die Pfannkuchen fest aufrollen und die Enden gerade schneiden.

7 ➧ Die aufgerollten Pfannkuchen etwa 1 Stunde kalt stellen, dann in 3 cm breite Stücke schneiden und auf einer Platte anrichten.

Mimosa

(auf dem Foto links)

Für den Cocktail:
2 cl Gilbey's (Gin)
4 cl Orangensaft
10 cl trockener Sekt
einige Eiswürfel

Außerdem:
1 Kumquat (Zwergorange)

1 ❯ Die Zutaten ohne den Sekt mit einigen Eiswürfeln in den Shaker geben. Das Ganze kräftig schütteln und durch ein Barsieb in ein Sektglas seihen.

2 ❯ Mit kaltem Sekt auffüllen. Die Kumquat an den Glasrand stecken.

Jimmy's

Jimmy's

(auf dem Foto rechts)

Für den Cocktail:
2 cl Pisco
2 cl Zitronensaft
1 cl Zuckersirup
1 cl Red Orange (Orangenlikör)
10 cl Sekt
einige Eiswürfel

Außerdem:
1 Karambole (Sternfrucht)
1 Cocktailkirsche

1 ❯ Die Zutaten ohne den Sekt mit einigen Eiswürfeln in einen Shaker geben und kräftig schütteln. Danach das Ganze durch ein Barsieb in ein Sektglas seihen und mit kaltem Sekt auffüllen.

2 ❯ Zur Dekoration eine Scheibe Karambole mit einer Kirsche am Sticker an den Glasrand stecken.

Apple Jack Cocktail

Apple Jack Cocktail

(auf dem Foto links)

Für den Cocktail:
2 cl Gin
3 cl Calvados
1 Dash Angostura
12 cl Apfelsaft
einige Eiswürfel

Außerdem:
1 Apfelspalte
1 Cocktailkirsche
1 Trinkhalm und 1 Stirer

1 Die Zutaten ohne den Apfelsaft mit einigen Eiswürfeln in den Shaker geben. Das Ganze kräftig schütteln und durch ein Barsieb in ein Longdrinkglas mit Eiswürfeln seihen.

2 Mit kaltem Apfelsaft auffüllen. Die Apfelspalte auffüllen. Die Apfelspalte mit der Kirsche am Sticker an den Glasrand stecken. Mit Trinkhalm und Stirer servieren.

Sie nennen ihn liebevoll „Wodka", was übersetzt Wässerchen heißt. Und vor allem die russischen Väterchen trinken gerne davon, oft sogar einen über den Durst. Doch das macht nichts – sagen sie. Denn russischer Wodka ist der „Reinste unter den Reinen". Er hinterlässt keinen „Kater" und er ist so klar, wie die Seele der Frauen undurchsichtig. Kein Wunder also, dass Wodka ganz schnell die Bars auf der ganzen Welt erobern konnte. Kommen Sie mit auf eine Entdeckungsreise der besonderen Art in die Heimat des Getränkes, in dem angeblich die Wahrheit der Russen liegt.

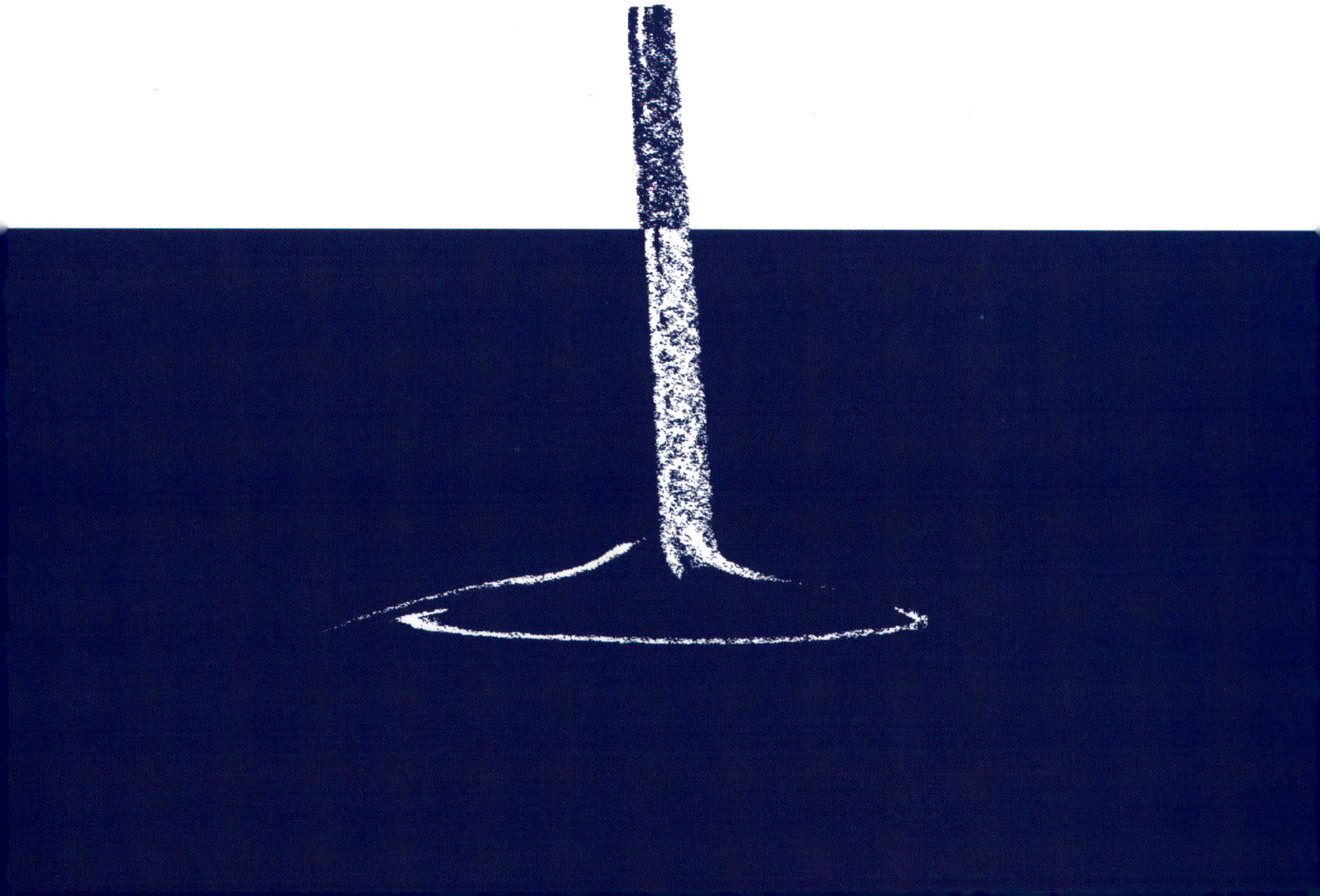

GUS

Die große Liebe zum kleinen Wässerchen

Von der Klostermedizin zum Machtsymbol

Auch wenn sich Russen und Polen immer noch nicht ganz einig sind, wessen Verdienst nun eigentlich die Erfindung des Wodkas ist, so haben sie jedoch eines gemeinsam: den großen Durst auf das kleine Wässerchen. Fest steht, dass in beiden Ländern parallel eine Wodkakultur entstand. Der erste russische Wodka wurde im 14. Jahrhundert vermutlich als Medizin in den Klöstern gebrannt. Im Jahre 1474 wird er erstmals dokumentiert, seitdem besteht ein Staatsmonopol auf Wodka. Und schon damals war Wodka mehr als nur ein Geschmackserlebnis. So schrieb 1574 Stefan Falimowitz in seinem „Herbarium", dass Wodka auch zum „Abwaschen des Kinns nach der Rasur" benutzt wurde.

Zur Zarenzeit machten die Salz- und Alkoholsteuern immerhin 30 Prozent der gesamten Steuereinnahmen der Regierung aus. Zar Peter der Große, der übrigens ein großer Wodka-

Liebhaber und Kenner war, verwandte beispielsweise die Einnahmen aus dem Wodkaverkauf für Aufbau und Ausstattung der Flotte.

Um möglichst schnell an dieses Geld zu gelangen, verpachtete er das Monopol an Privatpersonen. Katharina II. stattete die Adeligen mit dem Privileg auf steuerfreue Brennereien aus, um sich auf diese Weise ihrer Unterstützung zu versichern. Ihr Sohn Paul wurde für den Versuch, dieses und andere Vorrechte abzuschaffen, ermordet und war damit berühmtes Opfer einer der vielen „Wodkameutereien". Bis zum Jahre 1917 war Wodka eine rein russische Angelegenheit. Russische Emigranten sorgten dann aber nach der Oktoberrevolution für eine weltweite Popularität und auch dafür, dass Wodka nicht nur in Russland, sondern unter anderem auch in den USA, Kanada, Großbritannien und Deutschland hergestellt wird.

Was für den Spanier die Tapas sind, das ist für den Russen die Sakuska, kleine pikante Häppchen, die entweder als Vorspeise, als Snack oder einfach nur zum Drink gereicht werden. Denn grundsätzlich trinkt kein Russe, ohne zu essen, bzw. isst nicht, ohne zu trinken. Russische Hausfrauen geben sich bei der Zusammenstellung einer Sakuskatafel sehr große Mühe. Dabei ist die Optik genauso wichtig wie die Vielfalt der Happen. Und letztere reicht von mariniertem Gemüse und Pilzen, über Heringe, Räucherlachs, Eierspeisen bis hin zu Fleisch- und Geflügelsalaten. Im Mittelpunkt der Tafel steht jedoch die eisgekühlte Flasche Wodka. Und vor dem ersten und immer zwischen zwei Häppchen gießt man ein Wässerchen in sich hinein. Das Ritual wird übrigens so lange wiederholt, bis der Appetit gestillt und der Ehre des Gastes Genüge getan wurde.

Und noch etwas fehlt auf fast keiner Sakuskatafel: Kaviar. Der gesalzene Rogen des Störs ist seit Jahrhunderten Symbol des Luxus und des Wohllebens. Dabei unterscheidet man folgende Qualitäten. Beluga ist der feinste, der teuerste und auch der mit den größten Körnern. Osietra hat mittelgroße, gold- bis graublaue Körnchen. Kenner schätzen seinen nußartigen Geschmack. Sevruga ist kleinkörnig, mittel- bis stahlgrau und schmeckt besonders würzig. Die teure Delikatesse isst man löffelweise und gleich aus der Dose, am besten mit Horn-, Perlmutt oder Plastiklöffeln. Metall- oder Silberlöffel beeinträchtigen den Geschmack. Am besten passen „Blini", hauchdünne Buchweizenpfannkuchen, Weißbrot mit Butter oder Pellkartoffeln zum Kaviar. Letzteres war übrigens jahrhundertelang die Hauptspeise der Fischer des Kaspischen Meeres, die sich durch eine besondere Langlebigkeit auszeichnen.

Sakuska – die kleinen pikanten Häppchen zum Wässerchen

Moskau – Nach dem Bolschoi in die Bar

Jahrzehntelang verpönt und nur im Stillen existierend, erwacht das Moskauer Nachtleben allmählich aus seinem Dornröschenschlaf. Zwar schließen die Restaurants noch immer um 23 Uhr, doch dann geht es ab auf die Piste. Pubs, Bars, Discos und Kneipen sind allerdings oft genauso langlebig wie eine Eintagsfliege. Wesentlich beständiger sind da die Bars der Nobelhotels, von denen es inzwischen auch in Moskau immer mehr gibt. Und so gehört es eben einfach dazu, nach einem feinen Abendessen oder einer Ballettaufführung des Bolschoi-Theaters den Abend in einer Bar ausklingen zu lassen. So zum Beispiel in der **„Baltschug Bar"** des Hotels „Baltschug Kempinski Moskau". Hier treffen sich Touristen, Businessmen und die Moskauer Schickeria zu den von Barchefin Oxana Dragun charmant gemixten Drinks. Anlässlich des 850-jährigen Bestehens von Moskau kreierte sie den „850 Moscow Anniversary Cocktail" – eine Mischung aus weißem Rum, Grenadine, Zitronensaft, Wodka, Curaçao Blue, Gin, Creme de Cacao und Sahne. Er hat die Farben der russischen Nationalflagge: rot, blau, weiß.

Caipirowska

(auf dem Foto: links)

Für den Cocktail:
6 cl Wodka
1 Limette
2 Barlöffel Rohrzucker
Crushed ice

Außerdem:
1 Trinkhalm und 1 Stirer

1 Die Limette in kleine Stücke schneiden und in einen Tumbler geben. Zwei Barlöffel Rohrzucker darüber geben und das Ganze kräftig zerdrücken.

2 Das Glas mit Crushed ice auffüllen und den Wodka darüber gießen. Mit Trinkhalm und Stirer servieren.

Nikolaschka

(auf dem Foto: rechts)

Für den Cocktail:
4 cl Brandy

Außerdem:
1 Zitronenscheibe
1/2 Teelöffel Zucker
1/2 Teelöffel Kaffeepulver

1 Den Brandy in ein Schnapsglas geben.

2 Die Zitronenscheibe je zur Hälfte mit Zucker und Kaffeepulver bestreuen und auf den Glasrand legen.

Kaviar mit Crème fraîche und Toast

Zubereitungszeit: ca. 40 Min.

5 Eier
5 Schalotten
2 Bund Schnittlauch
300 g Crème fraîche
1 Zitrone
10 Scheiben Toastbrot
100 g Butter
500 g Kaviar (z. B. Beluga-Kaviar)

1 Die Eier in 8 bis 10 Minuten hart kochen und abkühlen lassen. Dann die Eier pellen und das gekochte Eigelb und Eiweiß getrennt hacken.

2 Die Schalotten schälen und fein hacken. Den Schnittlauch waschen, trockenschütteln und mit einer Schere in feine Röllchen schneiden.

3 Die Crème fraîche mit einem Schneebesen glatt rühren. Die Zitrone erst in Scheiben, dann jede Scheibe vierteln.

4 Das Toastbrot portionsweise rösten und mit der Butter dünn bestreichen. Dann jede Brotscheibe diagonal halbieren.

5 Alle Beilagen (das Eigelb, Eiweiß, Schalotten, Schnittlauch, Crème fraîche, Zitronen und Toastecken) getrennt in Schälchen servieren.

6 Für den Kaviar gestoßenes Eis in eine Glasschale füllen. Den Kaviar in eine andere Schüssel geben und darauf setzen. Die verschiedenen Beilagen außen herum anrichten.

Feinschmecker essen Kaviar am liebsten nur mit Crème fraîche und dazu Toast, Reibekuchen, Blinis oder ganz einfach Pellkartoffeln.

Screw Driwer

Für den Cocktail:
6 cl Wodka
12 cl Orangensaft
einige Eiswürfel

Außerdem:
1/2 Orangenscheibe
1 Trinkhalm

1 ➧ In ein Longdrinkglas einige Eiswürfel geben. Den Wodka in das Glas darüber gießen und mit Orangensaft auffüllen.

2 ➧ Zur Dekoration die halbe Orangenscheibe in das Glas geben. Mit einem Trinkhalm servieren.

Moskau Life

Moskau Life

Für den Cocktail:
4 cl Wodka
2 cl Crème de Cassis
6 cl Orangensaft
6 cl Ananassaft
2 cl Zitronensaft
einige Eiswürfel

Außerdem:
1 Johannisbeerrispe
1 Limettenscheibe
1 Trinkhalm und 1 Stirer

1 Die Zutaten für den Drink mit einigen Eiswürfeln im Shaker kräftig schütteln. Durch ein Barsieb in ein Longdrinkglas mit Eiswürfeln seihen.

2 Zur Dekoration die Johannisbeerrispe an der Limettenscheibe befestigen und an den Glasrand stecken. Mit Trinkhalm und Stirer servieren.

Wodka Fizz

(auf dem Foto rechts)

Für den Cocktail:
4 cl Wodka
3 cl Zitronensaft
2 cl Zuckersirup
kaltes Mineralwasser zum Auffüllen
einige Eiswürfel

Außerdem:
1 Trinkhalm

1 ➧ Die Zutaten für den Drink ohne Mineralwasser mit einigen Eiswürfeln in den Shaker geben und kräftig schütteln.

2 ➧ Das Ganze durch ein Barsieb in ein Champagnerglas seihen und mit kaltem Mineralwasser auffüllen. Mit einem Trinkhalm servieren.

Wodka Fizz

Ice Man

(auf dem Foto links)

Für den Cocktail:
4 cl Wodka
2 cl Curaçao Blue
6 cl Ananassaft
2 cl Zitronensaft
Crushed ice

Außerdem:
1 Erdbeere
1 Limettenscheibe
1 Trinkhalm und 1 Stirer

1 ➧ Die Zutaten für den Cocktail mit Crushed ice in den Blender geben und gut durchmixen.

2 ➧ Das Ganze in ein Ballonglas abgießen. Zur Dekoration das Obst an den Glasrand stecken. Mit Trinkhalm und Stirer servieren.

Piroschki
Teigtaschen mit pikanter Füllung

Zubereitungszeit: ca. 2 Std.

Für den Teig:
300 g Mehl
1 EL Salz
160 g Schweineschmalz
$^1/_2$ Tasse kaltes Wasser

Für die Füllung:
200 g Bratenaufschnitt
60 g Kochschinken
1 Zwiebel
100 g Champignons
3 Scheiben Toastbrot
2 frische Eier
3 EL Sauerrahm (20 % Fett)
2 EL Schweineschmalz
1 Msp. Kreuzkümmel (Cumin)
Salz, schwarzer Pfeffer, Muskatnuss
2 EL gehackter Dill
2 EL gehackte Petersilie

Außerdem:
1 frisches Ei
2 EL Milch

1 Für den Teig das Mehl mit Salz, kleingewürfeltem Schweineschmalz und Wasser in einer Schüssel mit den Knethaken des Handrührers verrühren.

2 Dann rasch mit den Händen alles zu einer festen Kugel formen. Zugedeckt im Kühlschrank etwa 1 Stunde ruhen lassen.

3 Den Teig zu einem Rechteck ausrollen, dreifach zusammenklappen und wieder 15 Minuten kalt stellen. Den Vorgang noch zweimal wiederholen und kalt stellen – so wird der Teig besonders schön kross.

4 Inzwischen für die Füllung den Bratenaufschnitt und den Kochschinken fein würfeln oder durch den Fleischwolf drehen.

5 Die Zwiebel schälen und mit den geputzten Champignons fein hacken. Das Toastbrot grob würfeln, mit den Eiern und dem Sauerrahm einweichen.

6 Das Schweineschmalz in der Pfanne erhitzen und die Zwiebel und die Champignons darin anbraten.

7 Den Bratenaufschnitt und den Kochschinken zugeben und kurz mit anschwitzen. Alles mit Kreuzkümmel, Salz, Pfeffer und Muskatnuss würzen.

8 Das eingeweichte Toastbrot zerpflücken und mit den Eiern und dem Sauerrahm unter die Fleisch-Pilzmasse mischen. Den Dill und die Petersilie unterrühren.

9 Den Backofen auf 220 °C vorheizen. Den Teig etwa $^1/_2$ cm dick ausrollen und Kreise (à 8 cm Ø) ausstechen.

10 Je einen Löffel von der Füllung in die Mitte der Teigkreise geben. Dann den Teig zur Hälfte zusammenklappen und die Ränder rundherum mit einer Gabel gut zusammendrücken.

11 Das Ei mit der Milch verquirlen und damit die Teigtaschen bestreichen. Dann auf ein Backblech setzen und im Ofen etwa in 30 Minuten goldbraun backen. Die Piroschki herausnehmen, warm oder kalt servieren.

Zarengold

(auf dem Foto Mitte)

Für den Cocktail:
- 4 cl Wodka
- 2 cl Galliano (Kräuter- und Gewürzlikör)
- 2 cl Sahne
- 2 cl Ananassaft
- einige Eiswürfel

Außerdem:
- Schokostreusel

1 ➧ Die Zutaten für den Cocktail mit einigen Einwürfeln im Shaker kräftig schütteln. Durch ein Barsieb ein vorgekühltes Cocktailglas seihen.

2 ➧ Zur Dekoration die Schokostreusel auf den Cocktail geben.

Zarengold

Wodka Gimlet

(auf dem Foto ganz rechts)

Für den Cocktail:
- 4 cl Wodka
- 2 cl Lime Juice
- Crushed ice

Außerdem:
- 1 Limettenscheibe
- 1 Stirer

1 ➧ In eine Cocktailschale Crushed ice geben. Dann den Wodka und den Lime Juice hinzufügen und kurz umrühren.

2 ➧ Zur Dekoration die Limettenscheiben an den Glasrand stecken. Mit einem Stirer servieren.

Blinis

Hefepfannkuchen

Zubereitungszeit: ca. 1 Std.

Für den Teig:
125 g Mehl
125 g Buchweizenmehl
1 Prise Salz
1/2 Würfel frische Hefe
70 ml Milch (Zimmertemperatur)
30 g Butter, 1 TL Zucker
3 frische Eier
100 g Butterschmalz

Außerdem:
250 g Sauerrahm (20 % Fett)
250 g Kaviar

1 Für den Teig das Mehl mit dem Buchweizenmehl und dem Salz in einer Schüssel vermischen.

2 Die Hefe in der Milch auflösen. Die Butter zerlassen. Die Hefemilch, die flüssige Butter und den Zucker zum Mehl geben. Die Eier trennen, dabei das Eiweiß kalt stellen. Die Eigelbe ebenso hinzufügen und alles mit den Knethaken des Handrührers verrühren.

3 Den Hefeteig zugedeckt an einem warmen Ort etwa 1 Stunde gehen lassen.

4 Dann den Teig noch einmal umrühren. Die Eiweiße zu einem festen Eischnee schlagen. Den Eischnee mit einem Teigschaber unter den Hefeteig ziehen. Den Ofen auf 100 °C vorheizen.

5 In einer Pfanne portionsweise das Butterschmalz erhitzen und mehrere Blinis darin nebeneinander goldbraun backen.

6 Wenn die Oberseite der Plätzchen angezogen hat, die Blinis wenden und von der anderen Seite weiterbacken. Herausnehmen und auf einer Platte im Ofen auf mittlerer Schiene warm halten. Die Blinis ofenwarm mit Sauerrahm und Kaviar servieren.

Gutap

Teigtaschen mit Spinatfüllung

Zubereitungszeit: ca. 50 Min.

200 g Blattspinat
6 frische Eier
2 EL Sauerrahm (20 % Fett)
Salz, schwarzer Pfeffer
geriebene Muskatnuss
1 Bund Petersilie, 1/2 Bund Dill
2 Frühlingszwiebeln
1 EL Butter, 200 g Strudelteig
Mehl zum Ausrollen
ca. 1 l Öl zum Frittieren

1 Den Spinat putzen, dafür die Stiele entfernen. Die Spinatblätter gründlich waschen und in kochendem Salzwasser etwa 1 Minute blanchieren. Dann abgießen und hacken.

2 Die Eier mit dem Sauerrahm verquirlen und mit Salz, Pfeffer und Muskatnuss würzen.

3 Die Petersilie und den Dill waschen, trockentupfen und die abgezupften Blätter fein hacken. Beides in die Eimasse geben.

4 Die Frühlingszwiebeln putzen, waschen und in feine Ringe schneiden. Die Butter in einer Pfanne zerlassen und die Frühlingszwiebeln darin andünsten.

5 Den Spinat dazugeben und mit Salz und Pfeffer würzen. Die Ei-Kräutermasse dazugeben und alles so lange verrühren, bis das Ei stockt.

6 Den Strudelteig auf einem bemehlten Tuch dünn ausrollen und in 6 x 6 cm große Quadrate schneiden. Je einen Löffel von der Füllung in die Mitte der Teigquadrate geben.

7 Die Teigecken jeweils über der Füllung zusammenschlagen und die Teigränder gut andrücken.

8 In einem Topf oder in der Fritteuse das Öl etwa 180 °C erhitzen und die Säckchen portionsweise in 1 bis 2 Minuten darin goldbraun ausbacken.

Es gibt kaum einen anderen Kontinent, der solche Vielfalt widerspiegelt wie der asiatische: pulsierende Städte und scheinbar unberührtes Land, prachtvolle Gärten mit Tempeln und Pagoden und mondäne Einkaufspassagen der Superlative. Für Mitteleuropäer schwer zu verstehende Mysterien und traditionelle Gepflogenheiten neben Big-Business und Hektik. Es muss das einzigartige fernöstliche Flair sein, das immer mehr Menschen in seinen Bann zieht und Jahr für Jahr in die asiatischen Metropolen Singapur, Hongkong und Tokio lockt. Lassen auch Sie sich in den Bann ziehen.

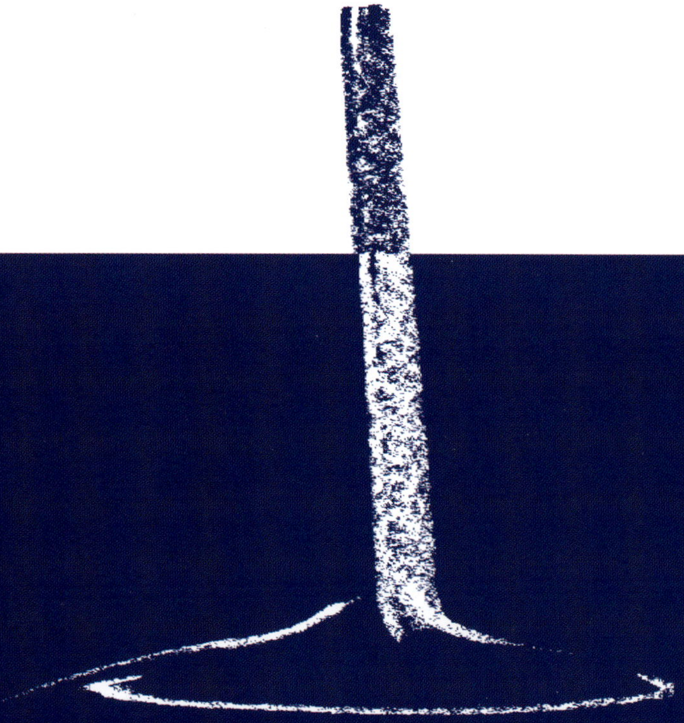

Asien

Sake, Slings und Exotik satt

Die beste Bar östlich von Suez

Die Zeit scheint stehen geblieben zu sein. Das gleichmäßige Summen der Deckenventilatoren wird nur hin und wieder durch das Knarren der Korbsessel übertönt. Ganz dezent im Hintergrund hört man das Klirren von Eisstückchen in Gläsern. Genüßlich schlürfen wir unseren „Singapore Sling" und genießen das Ambiente einer der schönsten Bars der Welt: der **„Writers Bar"** im berühmten Raffles Hotel in Singapur, von der der englische Schriftsteller Somerset Maugham einmal sagte, man müsse nur lange genug am Tresen lehnen, um früher oder später jeden Weißen östlich von Suez zu treffen. Und man braucht auch gar nicht viel Fantasie, um sich vorstellen zu können, wie hier die einstigen Kolonialherren mit Pflanzern aus dem benachbarten Malaysia, Abenteurern aus dem Dschungel von Borneo, Millionären aus aller Welt, großen Schriftstellern und legendenumwobenen Originalen zusammenkamen, um einfach nur die Zeit bis zum Abendessen mit einem Sling zu vertreiben. Die lange, auf Teakholz gestützte „Long Bar" gibt es nicht mehr. Dafür aber den legendären Gin Sling, der als Singapore Sling um die ganze Welt ging. Er wurde übrigens im Jahre 1915 von dem damaligen Barkeeper Ngiam Tong Boon kreiert – eine Kombination aus Gin, Cherry, Brandy, einige Spritzer Benedictine und Cointreau, Ananassaft, Lime Juice und etwas Angostura. Diese süffige Mischung wurde zum durchschlagenden Erfolg des Hauses. Und noch heute werden an Spitzentagen im Hotel bis zu 2000 dieser Drinks verkauft. Ungebrochen ist übrigens nach wie vor jener Rekord von fünf Gentlemen, deren Namen leider nicht überliefert sind. Dafür aber die Tatsache, dass sie zu fünft in nur zwei Stunden 131 Singapore Slings hinunterstürzten – und überlebten.

Herberge von Hoheiten und Heiratsschwindlern

Speise im Raffles, wenn du nach Singapur kommst", empfahl Englands großer Dichter Rudyard Kipling, der mit seinem „Dschungelbuch" weltberühmt wurde, das Hotel, das nach seiner Eröffnung im Jahre 1887 zu einem Symbol Singapurs wurde und das noch immer eine Legende ist. Aus einem alten Holzhaus machten die Sarkies-Brüder, Armenier aus Nahost, eines der berühmtesten Grandhotels. Hier waren im Laufe der Zeit bekannte Filmstars und Regisseure wie Charlie Chaplin, Douglas Fairbanks, Elizabeth Taylor, Richard Burton, Alfred Hitchcock und Orson Wells, nahmhafte Politiker wie Pandit Nehru, Helmut Schmidt, Lord Mountbatten oder Chou En-Lai, gekrönte Häupter wie Kaiser Haile Selassie oder Prinzessin Soraya, aber auch Hochstapler und Heiratsschwindler zu Hause. Und auch heute ist es mit seinen Suiten und einem Butlerservice rund um die Uhr beliebte Herberge zahlungskräftiger Gäste aus aller Welt. Ihren Namen verdankt die Writer's Bar übrigens Englands angesehenen Autoren.

Hongkong: Auf den Spuren der Suzie Wong

Hongkong bedeutet Superlative: Es gilt als der dichtbesiedelste Ort der Erde, als größter Konsument von Edelbranntwein und als schillernste und internationalste Stadt der Welt. Hongkong – bei Nacht – das ist die kulinarische Vielfalt von New York, die Eleganz von Paris, das Getöse von Tokio, aber auch die einzigartige Mischung von fernöstlichem Charme und westlichem Business. Mit der „Welt der Suzie Wong", die in Richard Masons Roman so treffend beschrieben wurde, hat das Nachtleben von heute allerdings nicht mehr viel zu tun. Dennoch bietet „The Wanch", wie die Einheimischen Suzies Welt liebevoll nennen, 24 Stunden Unterhaltung satt. Ob Girlie- oder Bierbar in Wanchai oder Kowloon, ob Cocktail Lounge oder Piano Bar in den Nobel-Hotels wie **„Peninsula"** oder **„Mandarin Oriental"** – für jeden Geschmack ist etwas dabei. Und das gilt natürlich auch für die entsprechenden Getränke.

Hongkong ist international. Und so werden Sie in den bekanntesten Bars mit Sicherheit jeden der von ihnen gewünschten Cocktails bekommen. Hongkong ist aber auch chinesisch. Und das Lieblingsgetränk ist nun einmal – nein, nicht Reiswein, sondern Bier. Immerhin ist die Volksrepublik China bereits der drittgrößte Bierproduzent der Erde – und das hauptsächlich für den Eigenbedarf.

Hongkong – das bedeutet aber auch eine ausgesprochene kulinarische Vielfalt, wie sie keine andere asiatische Stadt zu bieten hat. Ob nun Peking oder Shanghai, Kanton oder Szetchuan, Hakka oder Chiu Chow – natürlich sind alle chinesischen Küchenrichtungen vorhanden. Daneben findet man aber auch indische, vietnamesische, indonesische, koreanische, thailändische, japanische und philippinische Restaurants und natürlich fehlen auch europäische Küchen sowie Fastfood nicht. Typisch chinesische Mahlzeiten sind nach westlichem Geschmack sehr eigenartig. Manche, für uns „gweilos" (ausländische Teufel) ungenießbar, gelten in China als Delikatesse, so zum Beispiel Affenhirn, Bärentatzen, Schlangen, Eidechsen, Hunde und lebendige Mäuse.

Eine kantonesische Spezialität, die mit Sicherheit auch allen ausländischen Gästen schmeckt, sind die Dim sum, kleine chinesische Hors d'œufres, die sich vor allem in Hongkong größter Beliebtheit erfreuen. Ob mit Fleisch gefüllte Reismehlrollen, gedünstete Garnelen- oder Reisklöße, Lotusblätter mit gebratenem Reis oder gebratene Bohnenquarkrolle, es gibt über 50 verschiedene Arten dieser „kleinen Herzen", wie die Chinesen sie liebevoll nennen. Und man isst sie mit Vorliebe zum Dim-Sum-Lunch oder zum „Yum cha", einer Snack-Pause mit Tee.

GoldStar

Sake und Sonstiges

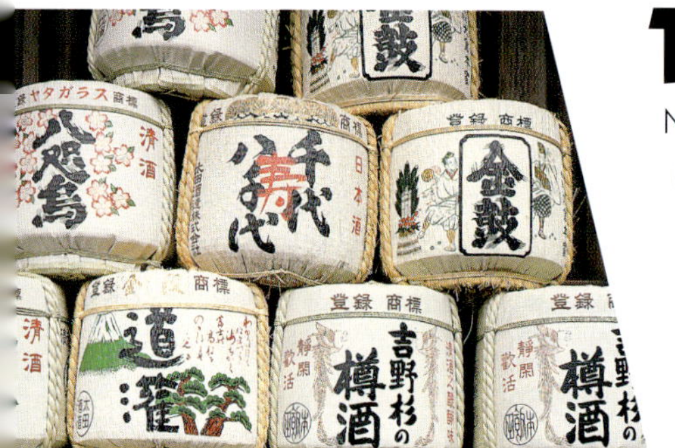

Trinken gehört in Japan zum guten Ton. Denn nur wer ein echter Schluckspecht ist, steht im Lande der aufgehenden Sonne seinen Mann. Lieblingsgetränke der Söhne Nippons sind Bier, Whisky und Sake, und das am liebsten gleich becherweise. Der japanische Sake wird, wie auch der chinesische Reiswein, aus stärkehaltigem Reis gebraut. In Japan trinkt man Sake als Begrüßungsschluck, als Aperitif oder aber als Begleiter zum Essen – und zwar immer warm und in kleinen Schlückchen. Denn die Flüssigkeit mit 15 bis 17 Prozent Alkohol steigt schnell in den Kopf. Bei großen Anlässen gibt es auch kühlen Sake, das dann aus kleinen Kiefernholzkästchen getrunken wird. Sake als Cocktail oder „on the rocks“ ist hingegen eine Konzession an Amerikaner und Europäer und hat mit japanischen Trinkgewohnheiten recht wenig zu tun. Na dann Kampai, Prost! Und nach dem Essen? Da trinken die Japaner am liebsten Tee.

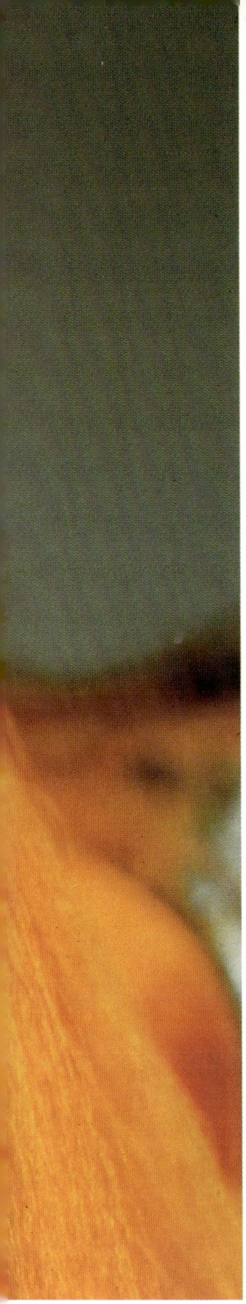

Tokio: Brückenschlag zwischen Tradition und Moderne

Von fernöstlichem Flair keine Spur. Hochmodern, westlich und ausgesprochen hässlich mit einem dicht gedrängten Häusermeer aus Beton, Glas und Stahl, durchzogen von mehrstöckigen Autobahnen, Bahnschienen und Boulevards und vor allem mit unüberschaubaren Menschenmassen präsentiert sich die japanische Metropole auf den ersten Blick. Fast 13 Millionen Menschen leben hier auf einer Fläche von 2031 Quadratkilometern. Dazu kommt tagsüber noch etwa die gleiche Menge aus den so genannten Bettenstädten in der Umgebung zum Arbeiten. Zur „Rushhour" ist das Gedränge und Geschiebe in den Straßen, das Schlangestehen vor Imbissbuden und Kassen in den riesigen Einkaufszentren unbeschreiblich. Doch trotz aller Vitalität und Energie, die das moderne Tokio ausstrahlt – auch das ursprünglich Japanische gibt es noch: kleine Häuschen, vor denen rote Papierlaternen baumeln, Frauen, die in buntbestickten Kimonos durch die engen Gassen trippeln, die Tempel und prachtvollen Schreine, in denen die Menschen die althergebrachten Sitten und Gebräuche pflegen, die Ruhe in den kunstvollen Gärten mit ihren Teichen und den ins Wasser gesetzten Steinen sowie Teehäuser, in denen noch echte Geishas die Teezeremonie zelebrieren. Und dann sind da natürlich auch noch die Tausenden von Restaurants und die Zigtausenden von Bars und Kneipen, in denen die sonst so gegensätzlichen Welten immer wieder aufeinander stoßen. Vor allem in den Bars trifft man sich nach der Arbeit mit Kollegen und dem Chef zum Drink, nicht etwa zum Vergnügen, weiß Gott nicht. Das gemeinsame Trinken und auch Singen gehört zu den Dienstpflichten eines jeden Angestellten.

Miss Saigon

Für den Cocktail:
4 cl Gilbey's (Gin)
2 cl Blue Curaçao
4 cl Grapefruitsaft
6 cl Ananassaft
3 cl Mangosaft
einige Eiswürfel

Außerdem:
1 Karambole (Sternfrucht)
1 Minzezweig
1 Erdbeere
1 Hibiskusblüte
1 Trinkhalm

1 Die Zutaten für den Drink mit einigen Eiswürfeln in den Shaker geben. Das Ganze kräftig schütteln und durch ein Barsieb in ein Longdrinkglas mit Eiswürfeln seihen.

2 Die Garnitur an den Glasrand stecken. Mit einem Trinkhalm servieren.

Singapore Sling

Singapore Sling

Für den Cocktail:
4 cl Gilbey's (Gin)
2 cl Cherry Brandy
3 cl Zitronensaft
1 cl Grenadine
1 cl Bénédictine D.O.M. (Kräuter- und Gewürzlikör)
8 cl Mineralwasser

Außerdem:
$^1/_2$ Zitronenscheibe
2 Cocktailkirschen
1 Trinkhalm und 1 Stirer

1 Die Zutaten für den Drink ohne Mineralwasser und Bénédictine D.O.M. mit einigen Eiswürfeln in den Shaker geben. Das Ganze kräftig schütteln und durch ein Barsieb in ein Longdrinkglas auf einige Eiswürfel seihen. Mit Mineralwasser auffüllen. Auf den fertigen Drink einige Tropfen Bénédictine D.O.M. geben.

2 Die Kirschen mit der Zitrone am Sticker über das Glas legen. Mit Trinkhalm und Stirer servieren.

Victoria

Victoria

Für den Cocktail:
3 cl J & B (Scotch Whisky)
3 cl Midori (Melonenlikör)
1 cl Martini Extra Dry
12 cl Limonade
einige Eiswürfel

Außerdem:
mehrere Melonenkugeln
1 Trinkhalm und 1 Stirer

1 Die Zutaten für den Drink ohne die Limonade mit einigen Eiswürfeln in den Shaker geben. Das Ganze kräftig schütteln und in ein Longdrinkglas mit Eiswürfeln geben.

2 Die Melonenkugeln in den Drink geben und mit Limonade auffüllen. Mit Trinkhalm und Stirer servieren.

Kwai Feh

Für den Cocktail:

4 cl Kwai Feh (Litschilikör)
1 cl Smirnoff (Wodka)
1 cl Lime Juice
10 cl Champagner
einige Eiswürfel

Außerdem:

1 Cocktailkirsche

1 Die Zutaten ohne den Champagner im Rührglas mit einigen Eiswürfeln kalt rühren und durch ein Barsieb in ein Champagnerglas seihen. Mit kaltem Champagner auffüllen.

2 Zur Dekoration die Kirsche am Sticker ins Glas geben.

Mini-Frühlingsröllchen

Zubereitungszeit: ca. 45 Min.

1 Möhre (100 g)
1/8 Weißkohl (100 g)
1/2 grüne Paprikaschote (100 g)
50 g Shitakepilze
50 g Sojasprossen
2 EL Sesamöl
Salz, schwarzer Pfeffer
Chinagewürz
100 ml Mirin (süßer Reiswein)
5 Blätter Frühlingsrollenteig
(20 x 20 cm; gibt's im Asienladen)
1 l Öl zum Ausbacken

1 Die Möhre putzen, schälen, waschen und in feine etwa 2 cm lange Streifen schneiden. Vom Weißkohl die äußeren Blätter entfernen, den Strunk herausschneiden und die Kohlblätter ebenfalls in Streifen schneiden.

2 Die Kerne und die Trennwände der Paprikaschote entfernen. Die Paprika waschen und in Streifen schneiden. Die Shitakepilze vom Stiel befreien, waschen, trockentupfen und in feine Streifen schneiden.

3 Die Sojasprossen in ein Sieb geben, mit kochendem Wasser überbrühen und abtropfen lassen. Nach Belieben die Wurzel abschneiden.

4 Die Möhrenstreifen im heißen Wok oder in der Pfanne mit dem Sesamöl unter ständigem Rühren etwa 2 Minuten anbraten.

5 Die Weißkohl- und Paprikastreifen zugeben und etwa 2 Minuten mitbraten. Dann die Shitakepilze und die Sojasprossen zugeben.

6 Das Frühlingsgemüse mit Salz, Pfeffer und Chinagewürz abschmecken. Dann den Mirin zugießen und alles gut verrühren. Das Gemüse aus der Pfanne nehmen und abkühlen lassen.

7 Den Frühlingsrollenteig auf einem Tuch ausbreiten und vierteln, sodass 20 Quadrate entstehen.

8 Das Gemüse auf den Teigquadraten verteilen, sodass rundherum etwa 1/2 cm frei ist. Die Teigränder dünn mit Wasser bepinseln. Dann die Frühlingsröllchen von unten nach oben fest aufrollen.

9 Das Öl in einer großen, tiefen Pfanne erhitzen und die Frühlingsröllchen darin ausbacken.

Satéspieße mit Poulardenfleisch

Zubereitungszeit: ca. 30 Min.
(plus 2 Std. Zeit zum Marinieren)

5 Poulardenfilets (à 100 g)
20 Schaschlikspieße
Salz
schwarzer Pfeffer
4 EL Satépaste (gibt's im Asienladen)
6 EL Mirin (süßer Reiswein; gibt's im Asienladen)
200 ml stark konzentrierte Hühnerbrühe (Fertigprodukt)
1 EL Erdnussöl
125 ml Geflügelfond (aus dem Glas)
2 EL Mehl oder Stärke
6 EL Weißwein
40 g eiskalte Butterstückchen

1 Die Poulardenbrüste kalt abspülen, trockentupfen und längs in 1 cm breite Streifen schneiden.

2 Die Poulardenstreifen zieharmonikamäßig auf die obere Hälfte der Spieße stecken und etwas salzen sowie pfeffern.

3 Die Satépaste mit der Mirinsauce, der Hühnerbrühe und dem Öl glatt rühren. Die Marinade über die Spieße geben und etwa 2 Stunden durchziehen lassen.

4 Den Grill des Backofens vorheizen. Dann die Geflügelspieße aus der Marinade nehmen und die Marinade beiseite stellen. Das Stielende der Geflügelspieße mit etwas Alufolie umwickeln – so kann nichts anbrennen.

5 Die Spieße auf einen Rost legen, auf mittlerer Schiene unter dem heißen Grill je Seite 2 bis 3 Minuten grillen. Herausnehmen und abkühlen lassen.

6 Für die Satésauce die beiseite gelegte Marinade und den Geflügelfond in einem Topf aufkochen lassen.

7 Das Mehl mit dem Weißwein glatt rühren und den Fond damit binden. Dafür das angerührte Mehl in den kochenden Fond gießen und das Ganze unter Rühren aufkochen lassen.

8 Dann die Sauce vom Herd nehmen und die kalten Butterstückchen nach und nach unterziehen. In ein Schälchen geben und zu den Geflügelspießen servieren.

Paradise

(auf dem Foto Mitte)

Für den Cocktail:
4 cl Cognac
2 cl Amaretto
2 cl Sahne
2 cl Ananassaft
einige Eiswürfel

Außerdem:
1 Erdbeere
1 Hibiskusblüte

1 Die Zutaten für den Cocktail mit einigen Eiswürfeln im Shaker kräftig schütteln und durch ein Barsieb ein Cocktailglas seihen.

2 Zur Dekoration die Erdbeere an den Glasrand stecken und die Hibiskussblüte in den Drink geben.

Paradise

Rikscha

(auf dem Foto ganz rechts)

Für den Cocktail:
4 cl Sake Gozenshu (Reiswein)
2 cl Amaretto
2 cl Zitronensaft
1 cl Maraschino
einige Eiswürfel

Außerdem:
1 Limettenscheibe
1 Cocktailkirsche

1 Die Zutaten für den Cocktail mit einigen Eiswürfeln im Shaker kräftig schütteln und durch ein Barsieb in ein Cocktailglas seihen.

2 Zur Dekoration die Limettenscheibe mit der Kirsche am Sticker auf den Glasrand legen.

Sushikugeln

Zubereitungszeit: ca. 1 Std.

200 g Rundkornreis
ca. 350 ml Wasser
50 ml Reisessig
3 EL Zucker, $1^1/_2$ EL Salz
2–3 EL Wasabipulver (scharfer, grüner Meerrettich)
250 g frisches Fischfilet (z. B. Lachs, Tunfisch, Barsch oder Garnelen)
5 EL Sojasauce

1 ➧ Den Reis in ein Sieb geben und so lange mit kaltem Wasser abspülen, bis das Wasser klar bleibt.

2 ➧ Den gewaschenen Reis in einen Topf geben. 320 ml Wasser zugießen und alles aufkochen lassen. Dann 5 Minuten kochen und noch 10 Minuten bei kleiner Hitze quellen lassen, bis das Wasser vom Reis aufgesogen ist.

3 ➧ Den Reisessig mit dem Zucker und dem Salz in einem anderen Topf zum Kochen bringen. Den heißen Essigsud zum Reis geben, umrühren und etwa 10 Minuten durchziehen lassen.

4 ➧ Dann den Reis umrühren und mit feuchten Händen 20 Kugeln formen.

5 ➧ Das Wasabipulver mit dem restlichen Wasser (2 bis 3 Esslöffel) verrühren und damit die Reiskugeln bepinseln (Achtung: scharf!).

6 ➧ Das Fischfilet waschen, trockentupfen und in 20 hauchdünne Scheiben (à 2 bis 3 mm Dicke) schneiden.

7 ➧ Jede Reiskugel mit einem Stück Fischfilet belegen und auf einer Platte anrichten. Dazu die Sojasauce im Schälchen servieren.

Tokio

Für den Cocktail:
4 cl Gilbey's (Gin)
2 cl Kirschwasser
1 cl Lime Juice
4 Litschis
Crushed ice

Außerdem:
1 Litschi
1 Minzezweig
1 Trinkhalm und 1 Stirer

1 ❯ Die Zutaten für den Drink mit den entkernten Litschis und Crushed ice in den Blender geben und einige Zeit mixen.

2 ❯ Das Ganze in ein Stielglas geben und die Litschis und den Minzezweig an den Glasrand stecken. Mit Trinkhalm und Stirer servieren.

Tokio

Moscow Mule

(auf dem Foto: links)

Für den Cocktail:
4 cl Wodka
2 cl Limettensaft
12 cl Gingerale
einige Eiswürfel

Außerdem:
1/8 Limette
1 Minzezweig
1 Trinkhalm und 1 Stirer

1 ➧ Den Wodka und den Limettensaft in ein mit Eiswürfel vorbereitetes Longdrinkglas geben und mit Gingerale auffüllen.

2 ➧ Zur Dekoration das Limettenstück und den Minzezweig ins Glas geben. Mit Trinkhalm und Stirer servieren.

Raffles Fit

(auf dem Foto: rechts)

Für den Cocktail:
6 cl Litschisaft
4 cl Maracujasaft
4 cl Ananassaft
1 cl Zitronensaft
1 cl Blue Curaçao (alkoholfrei)
einige Eiswürfel

Außerdem:
Karambole (Sternfrucht)
1 Erdbeere
1 Stirer

1 ➧ Die Zutaten mit einigen Eiswürfeln im Shaker kräftig schütteln und mit dem Eis in ein Longdrinkglas geben.

2 ➧ Zur Dekoration die Erdbeere und die Karambole an den Glasrand stecken. Den Raffles Fit mit einem Stirer servieren.

Hongkong

Hongkong

Für den Cocktail:
2 cl Mandelsirup
2 cl Sahne
8 cl Orangensaft
8 cl Maracujanektar
einige Eiswürfel

Außerdem:
1 Erdbeere
1 Orangenscheibe
1 Trinkhalm und 1 Stirer

1 ➧ Die Zutaten für den Drink mit einigen Eiswürfeln im Shaker kräftig schütteln und durch ein Barsieb in ein Longdrinkglas seihen.

2 ➧ Die Erdbeere und die Orangenscheibe am Sticker über das Glas legen. Mit Trinkhalm und Stirer servieren.

Gemüsetempura

Zubereitungszeit: ca. 20 Min.

180 g Tempuramix
1 TL Zitronenpulver
(gibt's im Asienladen)
Salz
ca. 150 ml
eiskaltes Wasser
500 g kleine blanchierte Gemüse
(z. B. Möhren, Zucchinischeiben, Zuckerschoten, Spargel, Champignons, Shitakepilze, Brokkoliröschen, Staudensellerie)
60 g Mehl
ca. $^3/_4$ l Erdnussöl zum Frittieren

1 Das Tempuramix mit dem Zitronenpulver und einer Prise Salz vermischen.

2 Mit so viel Wasser verrühren, dass ein dünnflüssiger Teig entsteht, der vom Löffel läuft.

3 Die Gemüse kurz in Mehl wälzen und anschließend durch den Tempurateig ziehen.

4 In einem Wok oder in der Fritteuse das Öl etwa auf 180 °C erhitzen und die Gemüse portionsweise in etwa 2 Minuten goldbraun und knusprig darin ausbacken.

5 Die Gemüse herausnehmen, etwas salzen und auf Küchenpapier abtropfen lassen.

Dazu passt ein exotisches Ketschup oder eine süßsaure Sauce (Fertigprodukte).

Pancakes
Pfannkuchen

Zubereitungszeit: ca. 30 Min.

4 Frühlingszwiebeln
400 g Mehl
2 TL Salz
2 Päckchen Backpulver
450 ml Wasser
Mehl zum Ausrollen
3 EL Öl
Tomatensalsa (Fertigprodukt)

1 Die Frühlingszwiebeln putzen, waschen und trockentupfen. Das Grün der Frühlingszwiebeln in ganz kleine Würfel schneiden.

2 Das Mehl in eine Schüssel sieben und mit dem Salz, dem Backpulver und dem Frühlingszwiebelgrün vermischen.

3 Das Wasser in einem Topf aufkochen lassen, zum Mehl geben und alles mit den Schneebesen des Handrührers schnell zu einem weichen Teig verrühren.

4 Den Teig zu einer dünnen Stange (à 2 bis 3 cm Ø) rollen und etwa 1 Stunde kalt stellen.

5 Die Teigrolle aus dem Kühlschrank nehmen und in etwa 1 cm dicke Scheiben schneiden. Dann auf bemehlter Arbeitsfläche jede Scheibe dünn zum Kreis (à 10 cm Ø) ausrollen.

6 Portionsweise das Öl in einer Pfanne erhitzen. Die Teigfladen nach und nach darin bei mittlerer Hitze von beiden Seiten in etwa 1 Minute goldbraun anbraten.

7 Die Pancakes herausnehmen, vierteln und noch heiß mit der scharfen Tomatensalsa servieren.

Wan-Tans mit Kaviar

Zubereitungszeit: ca. 40 Min.

Aluminium-Schillerlockenhülsen
10 TK-Wan-Tan-Teigblätter
(à 10 x 10 cm Kantenlänge)
200 g Crème fraîche
Saft von 1/2 Zitrone
Cayennepfeffer
200 g Kaviar (ersatzweise
Keta-Kaviar)

1 Die Wan-Tan-Teigblätter nach Packungsanweisung auftauen lassen. Dann diagonal zu 20 Dreiecken halbieren.

2 Die Teigdreiecke zu einer kleinen Schillerlocke um die Aluminiumhülse wickeln. Dabei die Teigenden mit verquirltem Eigelb bestreichen und andrücken.

3 In einem Topf oder in der Fritteuse das Öl auf etwa 175 °C erhitzen und die Teigkörper 1 bis 2 Minuten goldgelb darin ausbacken.

4 Die Teigkörper herausnehmen, heiß von der Hülse ziehen und auf Küchenpapier abtropfen lassen.

5 Die Crème fraîche mit dem Zitronensaft glatt rühren. Beides mit Cayennepfeffer abschmecken.

6 Mit einer kleinen Spritztüte die Zitronen-Crème-fraîche in das untere Drittel der Schillerlocke spritzen.

7 Mit Kaviar auffüllen und die Wan-Tan in ein Gefäß, das z. B. mit Hirse gefüllt ist, stecken.

Zubereitungszeit: ca. 50 Min.

1 Frühlingszwiebel
2 EL Sesamöl
240 g Hirse
Salz, Cayennepfeffer
1 Döschen Safran
10 Blätter Pfefferminze
30 g Rosinen, 20 g Pinienkerne
10 Blätter Frühlingsrollenteig (20 x 20 cm Kantenlänge)
ca. 3/4 l Pflanzenöl zum Frittieren

1 Die Frühlingszwiebel putzen, waschen und in Ringe schneiden.

2 In einem flachen Topf das Sesamöl erhitzen. Die Zwiebelringe und die Hirse zufügen, beides kurz anschwitzen. Mit 1/2 Liter Wasser auffüllen. Salz, Cayennepfeffer und Safran zufügen. Die Hirsemasse zugedeckt bei kleiner Hitze etwa 15 Minuten dünsten lassen.

Hirseloempia

3 Inzwischen die Pfefferminzblätter waschen, trockentupfen und in dünne Streifen schneiden.

4 Bevor das Wasser verdunstet ist, die Pfefferminze, Rosinen und Pinienkerne zur Hirse geben und unter ständigem Rühren die restliche Flüssigkeit verdampfen lassen. Vom Herd nehmen und abkühlen lassen.

5 Für die Hirseloempia den Frühlingsrollenteig diagonal durchschneiden, sodass 20 Dreiecke entstehen.

6 Die Hirsemasse auf die unteren Dreieckspitzen verteilen. Dann die Teigränder dünn mit etwas Wasser bestreichen und den Teig von der unteren Spitze nach oben zu einer „Zigarre" aufrollen.

7 In einem Topf oder in der Fritteuse das Öl auf etwa 175 °C erhitzen und die Hirseloempia darin etwa 2 Minuten goldgelb ausbacken. Herausnehmen und auf Küchenpapier abtropfen lassen.

Cocktails aus aller Welt

Snacks aus aller Welt

Für Sie an Feder und Auslöser

Harald Schmitt war 10 Jahre lang Küchenchef im berühmten Hotel Nassauer Hof in Wiesbaden. Heute leitet er dort die Gastronomie und führt die Regie in der „Ente vom Lehel“, die vom Guide Michelin mit 1 Stern ausgezeichnet wurde. Im Laufe seines beruflichen Aufstiegs kochte er in zahlreichen renommierten Küchen, wie zum Beispiel im Witzigmann-Restaurant „Aubergine“. Für dieses Buch kreierte Harald Schmitt die Snackrezepte.

Eddy Hahner ist Barchef im Nassauer Hof in Wiesbaden. Seit 1980 rührt und schüttelt der ehemalige Traumschiff-Steward mit Leidenschaft die Cocktails für seine Gäste. Er gewann zahlreiche Auszeichnungen, wie den „Barchef des Jahres“ im Gault Millau und das „Ballantines Open“.

1996 wurde er „Landesmeister in Hessen“ und ein Jahr später sogar „Vice Meister Deutschland“, eine Auszeichnung der Deutschen Barkeeper Union. Eddy Hahner hat die besten Cocktailrezepte aus aller Welt für Sie zusammengestellt.

Ulrike Bültjer hat den Journalismus von der Pike auf gelernt und Kochen war schon immer ihre Leidenschaft. Und so wechselte sie nach mehrjähriger Tätigkeit bei einer Tageszeitung im Bereich „Lokales“ ins Kochressort einer großen Frauenzeitschrift. Seit über 10 Jahren arbeitet sie nun als freie Foodjournalistin und veröffentlichte zahlreiche Bücher zu kulinarischen Themen. Von ihren Reisen rund um den Erdball hat Ulrike Bültjer für Sie das Bargeflüster mitgebracht.

Luis M. Bisschops hat nach einigen Lehr- und Wanderjahren als Fotograf erfolgreich seine Meisterprüfung abgelegt. Seit über 20 Jahren ist er selbstständig und leitet das TLC Fotostudio. Zu seinem Team, das sich auf Food-Fotografie spezialisiert hat, gehören Ernährungswissenschaftler, Food-Stylisten und Fotografen. Fotoarbeiten für mehrere hundert Kochbücher sowie diverse Auszeichnungen sind ein Beweis für Luis M. Bisschops Perfektion und Kreativität. Er hat für Sie die vielen Cocktails und Snacks stimmungsvoll in Szene gesetzt.

Im FALKEN Verlag sind zahlreiche Titel zum Thema „Cocktails" erschienen.
Sie erhalten sie überall dort, wo es Bücher gibt.

Sie finden uns im Internet: **www.falken.de**

Dieses Buch wurde auf chlorfrei gebleichtem und säurefreiem Papier gedruckt.

Der Text dieses Buches entspricht den Regeln der neuen deutschen Rechtschreibung.

ISBN 3 8068 7519 7

Umschlaggestaltung: Peter Udo Pinzer
Layout: AS-Design, Ilse Stockmann-Sauer, Offenbach
Redaktion: Barbara Fleig/Birgit Wenderoth
Lektorat der Cocktailrezepte: Meike Brumaire
Lektorat der Snackrezepte: Irmgard Radke, Calden
Bildbeschaffung: Dr. Ruth Leners
Gestaltung und Herstellung: Petra Zimmer
Umschlagfotos: vorne: ZEFA, Düsseldorf (A. Beck); hinten: TLC-Foto-Studio GmbH, Velen-Ramsdorf
Rezeptfotos: TLC Foto-Studio GmbH, Velen-Ramsdorf
Weitere Fotos im Innenteil: Bavaria Bildagentur, Gauting: S. 98/99 (Images), 28 (Karl Kummels), 232 oben (Hans Schmied), 127 (TCL) und 22 (o.N.); **Bildagentur Schuster,** Oberursel: S. 32 (Bachmann), 121 (Ballheimer), 32/33, 144 (Explorer), 122, 230/231 (Ikeda), 74/75, 76, 79 (Layda), 214/215 (Leucht), 50/51 (Liebelt), 97 (Prisma), 30/31 (Schmied) und 234 unten (Scholz); **Bilderberg,** Hamburg: S. 3 (Rainer Drexel), 173 (Milan Horacek), 53 (Karol Kallay), 54, 124/125 (Till Leeser); **Christoph & Friends,** Essen: S. 148 (Erich Lansner), 123 (Johann Scheibner) und 78 (Jochen Tack); **FOCUS,** Hamburg: S. 55 (Catherine Karnow), 74 (Paul Solomon), 252/253 (Stefan Pielow) und 229 (PYKE/NET WORK); **IFA-Bilderteam,** Frankfurt: S. 100 (Aberham), 171 (Aigner), 20/21, 52/53, 146/147,167 (Diaf), 143 (IT/tpl), 49 (Kanzler), 234/235, 235 (Montgomery), 213 (Russia), 102/103 (Siebig), 99 (TPC) und 196 (Vetter); **Jürgens Photo,** Berlin: S. 217; **Helga Lade Fotoagentur,** Frankfurt: S. 197 (Rainer Binder), 191 (Gläser), 193 oben (J. Henkelmann) und 192 (P. Meissner); **LOOK,** München: S. 29 und 73 (Christian Heeb); **Nassauer Hof,** Wiesbaden: S. 194 links; **Schapowalow,** Hamburg: S. 169 oben (Borstell), 149 (Fellens), 233 (Heaton), 194 rechts (Messerschmidt) und 215 (Scholz); **StockFood,** München: S. 146, 216 (Eising), 169 unten (Herbert Lehmann) und 168 (Viennaslide); **Transglobe Agency,** Hamburg: S. 76/77 oben links (Ivo Hanak) und 145 (Jörg Lehmann); **Visum,** Hamburg: S. 195 (Michael Lange), 126 (Jörg Modrow), 4/5, 124 (Timm Rautert), 76/77 oben Mitte und oben rechts (Andreas Sterzing) und 232 unten (Michael Wolf); **Zentrale Farbbildagentur,** Düsseldorf: S. 6 (A. Beck), 1 (Bodenmüller), 27 (Kneidinger), 193 unten (Svenja), 23 (Wartenberg) und 101 (ZEFA U.K.); die Bilder der Seiten 252 bis 255 wurden dem FALKEN Verlag freundlicherweise von den Autoren bzw. vom TLC Foto-Studio, Velen-Ramsdorf zur Verfügung gestellt; alle übrigen Fotos: **TLC Foto-Studio,** Velen-Ramsdorf

Gesamtkonzeption: FALKEN Verlag, D-65527 Niedernhausen/Ts.

817 2635 4453 62